Comment réussir
sa **pub**

7 commandements
7 éléments à considérer
7 étapes à suivre

Jean-François Guitard

ISBN 978-2-9816139-0-5 (Version imprimée)
ISBN 978-2-9816139-1-2 (ePUB)

Dépôt légal : Bibliothèque et Archives nationales du Québec, 2016
Dépôt légal : Bibliothèque et Archives Canada, 2016

À Camille, ma plus grande source
de motivation, de bonheur
et surtout, de fierté

TABLE DES MATIÈRES

NOTE : Vous apercevrez une cinquantaine d'astérisques (*) positionnés à divers endroits dans le texte. Ces derniers indiques que les propos de l'auteur sont appuyés par du contenu vidéo en ligne. Pour y accéder, vous n'avez qu'à décoder le pictogramme ci-dessous à l'aide d'une application conçu à cet effet.[i]

---

[i] Vous pouvez également utiliser l'adresse suivante : https://jfguitard.com/videos

INTRODUCTION

Le chiffre 7 est omniprésent dans nos vies. Il y a 7 jours dans une semaine, 7 notes de musique, 7 couleurs dans un arc-en-ciel, 7 merveilles dans le monde et on nous apprend qu'il faut tourner notre langue 7 fois avant de parler.

Il est considéré comme un nombre sacré et cité à maintes reprises dans les écrits religieux. Par exemple, la Bible enseigne à ses fidèles les 7 commandements, les 7 sacrements ainsi que les 7 péchés capitaux.

On qualifie le 7 de chiffre magique étant donné le nombre de coïncidences auxquelles il est rattaché. Il est d'ailleurs synonyme de chance pour bien des gens, notamment pour les adeptes d'appareils de loterie vidéo qui souhaitent le voir apparaitre le plus souvent possible.

Pour ma part, je ne suis ni pratiquant, ni adepte d'ésotérisme. Je suis plutôt sceptique de nature et préfère être proactif plutôt que de laisser mon destin entre les mains de la providence.

Je trouvais cependant intéressante l'idée de développer une approche basée sur le chiffre 7, un nombre mythique qui intrigue notre civilisation depuis la nuit des temps.

Je trouvais également intéressant de faire un parallèle entre l'industrie du jeu et la publicité, comme en témoigne la page couverture de ce livre.

Dans les deux cas, il existe une combinaison gagnante pour remporter la mise. Toutefois, la façon de l'obtenir est diamétralement opposée, puisque le facteur chance est très négligeable en publicité, alors qu'il est prépondérant dans l'industrie du jeu.

Dans les pages qui suivent, je vais vous présenter une méthode en 7 étapes pour concevoir des campagnes publicitaires qui donnent des résultats. Mais avant tout, je vais vous présenter 7 commandements à respecter ainsi que 7 éléments à considérer avant de passer à l'action.

Je vous souhaite une bonne lecture et surtout, une bonne réflexion!

*On conçoit une publicité pour séduire
les autres et non pour se séduire soit même*

CHAPITRE 1 : LES 7 COMMANDEMENTS

Le monde de la publicité vit d'importants bouleversements depuis quelques années. Les nouvelles technologies modifient les comportements des consommateurs et offrent de nouvelles possibilités aux annonceurs.

Bien entendu, il n'est pas toujours évident de s'y retrouver étant donné la vitesse avec laquelle ces changements s'opèrent. Il y a cependant certaines règles de base indémodables que vous devriez respecter, comme les sept commandements présentés dans ce premier chapitre.

1. Faites que ça arrive

Combien de fois avez-vous entendu quelqu'un dire qu'il souhaitait ou voulait quelque chose ? Probablement des centaines, voire des milliers de fois. Pourtant, très peu atteindront leur idéal, tout simplement parce qu'ils n'y mettront pas les efforts et se contenteront d'envier les autres.

En 2013 et 2014, j'ai eu le bonheur d'être juge au Concours québécois en entrepreneuriat. Mon rôle consistait à évaluer des projets d'entreprises et d'identifier un gagnant selon des critères préétablis.

Cette expérience m'a permis de rencontrer des entrepreneurs inspirants. Elle m'a également permis de rencontrer des gens qui confondaient le rêve et la réalité.

C'est le cas d'un participant qui m'expliqua qu'il souhaitait conquérir le Québec et l'Europe dès la première année d'opération de son entreprise. Pour se faire, il allait travailler à peine une vingtaine d'heures par semaine et ses clients allaient devoir s'adapter à son horaire.

Cet entrepreneur n'a évidemment pas remporté les honneurs du concours et pour être honnête, je suis convaincu que son entreprise n'a pas franchi le stade de démarrage étant donné son attitude et son manque d'ardeur.

Cora Tsouflidou, la fondatrice de Chez Cora, une chaine de restaurants spécialisés dans les déjeuners, représente tout le contraire de cet homme.

Cette femme d'exception a travaillé d'arrache-pied afin de fonder son entreprise qui compte aujourd'hui plus de 130 restaurants à travers le Canada. Voici d'ailleurs un extrait de son autobiographie dans laquelle elle explique l'importance de l'engagement pour réussir.

« *J'entends tellement de personnes déclarer banalement qu'elles vont essayer ceci ou cela, qu'elles vont investir quelques milliers de dollars par-ci ou par-là, qu'elles vont attendre un ou deux ans pour voir si ça marche. Chaque fois, j'ai le goût de leur répondre : Perds pas ton temps, mon ami, ça ne marchera pas. Les affaires, ce n'est pas un coup de dé; ce n'est pas un hasard non plus. Les affaires, c'est une question d'engagement, une question de vie ou de mort pour celui qui débute. Les affaires, c'est un état d'esprit et une vocation. Quand on s'embarque dans ce genre de transatlantique, faut jamais penser qu'on devrait être ailleurs. Faut se donner corps et âme, et il faut adorer ce qu'on fait.* »[1]

La publicité fait partie intégrante des affaires et par conséquent, vous devez faire en sorte que ça fonctionne. Il ne s'agit pas seulement de faire l'achat d'un quart de page dans un quotidien. Vous devez déterminer ce que vous souhaitez atteindre. Vous devez déterminer un budget et identifier votre clientèle cible pour sélectionner le bon média.

Bref, vous devez élaborer un plan, comme nous le verrons au chapitre 3, car comme l'a si bien dit l'écrivain poète et aviateur Français Antoine de Saint-Exupéry, « *Un but sans plan est juste un souhait* ».

2. Soignez votre image

Les gens jugent une personne, tout comme ils jugent une entreprise, selon l'image qu'elle reflète. Ainsi, lorsque les consommateurs ont le choix entre deux entreprises similaires, mais que l'une reflète une image positive et l'autre une image négative, la grande majorité des gens vont se tourner vers la première option.

Steve Jobs, le fondateur d'Apple, a vite fait de comprendre le lien direct entre les signaux qu'envoient une entreprise et l'opinion des gens, comme le démontre l'un des principes fondateurs de l'entreprise.

« *Nous pouvons avoir le meilleur produit du marché, la meilleure qualité, le meilleur système d'exploitation, etc., si nous les présentons d'une manière merdique, tout ça sera perçu comme de la merde. Si nous les présentons d'une façon créative et professionnelle, nous « incarnerons » de fait ces qualités.* »[2]

Jean Coutu, le fondateur de la quatrième plus importante chaîne de pharmacies en Amérique du Nord, a lui aussi toujours porté une attention particulière à l'image de son entreprise. Voici un extrait d'une note de service datant du milieu des années 1970 dans laquelle il rappelle quelques éléments qui font que les meilleurs se distinguent des convenables.

« La journée commence à l'extérieur de la pharmacie; rappelez-vous que c'est de là que les clients nous jugent. Après avoir jeté un coup d'œil à l'apparence de votre établissement, interrogez-vous à savoir si vous aimez ce que vous y voyez. En n'oubliant surtout pas que l'impression que vous laisse ce premier coup d'œil a toutes les chances d'être celle qu'éprouveront vos clients. »[3]

Vous devez accorder, tout comme ces deux entrepreneurs d'exception, une grande importance à l'image de votre entreprise. En ce sens, portez une attention particulière à l'apparence de votre bâtisse commerciale, de vos emballages, de vos outils promotionnels et évidemment, de vos publicités.

En effet, les gens jugent un livre à sa couverture et par conséquent, une publicité d'apparence négligée risque d'être ignorée, et ce, même si l'entreprise offre le meilleur produit ou le meilleur service en ville. À titre d'exemple, regardez le panneau publicitaire suivant.

Quelle est votre perception de cette entreprise ? Personnellement, je suis passé des milliers de fois devant cette enseigne sans jamais m'arrêter. Pourtant, j'adore les œufs et ma voiture aurait bien besoin d'un traitement antirouille. Alors pourquoi j'ignore ce commerce depuis tant d'années ?

Tout simplement parce que l'image qui est reflétée par cette publicité est négative. Non seulement l'enseigne est obstruée, sale et de piètre qualité, mais elle fait la promotion de deux produits qui sont de nature incompatible.

En effet, je ne suis en aucune façon intéressé à faire l'achat d'œufs dans un endroit où l'on manipule de l'huile toxique, tout comme il est hors de question que je fasse traiter ma voiture dans un poulailler.

Ma perception est peut-être erronée. Il se peut qu'on y vende les meilleurs œufs en ville, tout comme il se peut qu'on y offre le meilleur traitement antirouille, mais mon comportement est dicté non pas par la réalité, mais par l'image qui est reflétée par ce panneau publicitaire.

3. Méfiez-vous des experts

Ce n'est pas parce qu'une personne se présente à vous en prétendant être un spécialiste que vous devez nécessairement lui faire confiance. Pourtant, la plupart d'entre nous sommes porté à agir de la sorte, surtout devant un individu que l'on juge légitime, comme le démontre l'expérience suivante.

Au début des années 1960, le psychologue américain Stanley Milgram a amené à plusieurs reprises un sujet, recruté par le biais d'un journal local, dans une salle en compagnie d'une autre personne qui était en réalité un comédien.

Une personne d'autorité, qui était également un comédien, les accueillait en leur expliquant que suite à un tirage au sort, l'une d'entre elles s'installerait sur une chaise électrique alors que l'autre serait à ses côtés.

Le tirage au sort était en réalité truqué et le comédien se retrouvait systématiquement sur la chaise électrique. On expliquait ensuite au sujet qu'il devait faire mémoriser une liste de mots à son élève.

Si ce dernier commettait une erreur, il devait lui infliger une décharge électrique pouvant atteindre 450 volts. Évidemment, les décharges électriques étaient fictives et le comédien simulait la douleur à l'insu du sujet.

Lors des premières expériences menées par Stanley Milgram, 62,5 % des sujets menèrent l'expérience à terme en infligeant à trois reprises les électrochocs de 450 volts[4]. En fait, les sujets se déresponsabilisaient et étaient prêts à donner la mort à un individu parce qu'une personne d'autorité les incitait à passer à l'action.

Vous devez être conscient qu'il existe malheureusement plusieurs charlatans dans tous les secteurs d'activités, incluant le marketing. Le plus drôle est que bien qu'un certain nombre d'individus soit mal intentionné, la plupart vont vous arnaquer inconsciemment, c'est-à-dire qu'ils sont convaincus qu'ils possèdent un produit révolutionnaire ou encore, qu'ils possèdent les connaissances et les aptitudes pour vous aider alors que ce n'est pas le cas.

Je rencontre régulièrement des gens qui se sont fait prendre ainsi, comme cette entrepreneure qui souhaitait investir quelques milliers de dollars afin de faire connaître son entreprise.

Le conseiller publicitaire de l'hebdo de son quartier (aussi appelé représentant publicitaire ou directeur de compte) lui conseilla un soi-disant produit révolutionnaire. Pour 5 000 $, elle allait obtenir une publicité dans l'ensemble des publications des six prochains mois. Ils allaient même créer la publicité pour elle, et ce gratuitement.

Lorsqu'elle me montra le contrat et la publicité en question, je ne pus que constater les dégâts. Non seulement le positionnement et le format proposé étaient inadéquats, mais la publicité représentait un travail d'amateur qui ne respectait en rien les normes publicitaires.

J'ai rencontré le soit disant expert en question afin de le confronter. Ce dernier était convaincu de la qualité de son produit et m'assura que sa cliente le remercierait à la fin de sa campagne publicitaire.

Pourtant, six mois plus tard, l'entrepreneure m'a confirmé n'avoir eu aucun résultat et avait l'impression de s'être faite flouer.

Mon but n'est pas de dénigrer ou de discréditer toutes personnes qui se présentent à vous. Il existe de très bons conseillers publicitaires, de très bons graphistes et d'excellentes firmes de communication.

Vous devez cependant faire vos devoirs et questionner ces gens. Demandez des références, des témoignages de clients satisfaits et contre vérifiez leurs dires dans la mesure du possible.

En poursuivant la lecture de ce livre, vous serez mieux outillés pour faire des choix éclairés en termes de stratégies publicitaires et diminuerez ainsi le risque de vous faire arnaquer.

4. Innovez constamment

Le statu quo et le conformisme ne vous mèneront nulle part alors que l'innovation vous permettra d'atteindre de nouveaux sommets.

L'exemple du BlackBerry illustre bien ces propos. Au tout début, ce nouveau produit n'offrait ni écran couleur, ni la fonction de téléphone. Bref, peu de gens croyaient en cette entreprise.

BlackBerry investit massivement en recherche et développement et mis sur le marché un produit novateur. En l'espace de quelques années, son action est passée de deux dollars à près de 150 $.

En 2008, un article paru dans le défunt magazine *Commerce* citait le BlackBerry comme un exemple d'innovation. Dans le même article, on pouvait lire :

« Tous les PDG vous diront que l'innovation est une priorité pour leur entreprise. Pourtant, très peu réussissent des coups d'éclat comme celui qu'à produit le BlackBerry. Pourquoi ? Parce qu'une fois qu'elles connaissent du succès, les entreprises abandonnent la quête de l'innovation extrême.[5] »

Malheureusement, c'est exactement ce qui arriva à BlackBerry. Des compétiteurs, tels Apple et Samsung, développèrent de nouvelles technologies et prirent le contrôle du marché.

James Dyson, le fondateur de l'entreprise Dyson Ltd., a quant à lui, toujours placé l'innovation au cœur de son entreprise. En 1979, cet ingénieur achète un aspirateur haut de gamme et est rapidement déçu, car ce dernier se bouche rapidement et perd de sa puissance d'aspiration.

Après avoir travaillé d'arrache-pied pendant 13 ans dans sa remise sur 5127 prototypes, subi quelques poursuites, essuyé une douzaine de refus et frôlé la faillite, il offre finalement aux Anglais, en 1993, le premier aspirateur sans sac. Son dur labeur a porté ses fruits parce que son modèle, humblement nommé DC01, se hisse en tête des articles populaires du pays 18 mois seulement après son lancement.[6]

Dyson a poursuivi sa quête de l'innovation en améliorant d'autres produits et en développant de nouvelles technologies. L'entreprise a notamment lancé l'Airblade en 2007, un séchoir à main d'une extrême puissance.

En 2013, Dyson met sur le marché une version améliorée, soit un robinet intégrant sa technologie et capable de sécher les mains en quatorze secondes[7]. Même après plus de 20 ans, Dyson est toujours un leader dans son marché.

Jean Coutu a, lui aussi, compris qu'il devait innover s'il souhaitait se démarquer. Lorsqu'il acquit sa première pharmacie en 1960, celle-ci n'avait qu'un mince chiffre d'affaires de 67 000 $ par année et peinait à renouveler sa clientèle. « *Il m'apparaissait évident que je devais innover, quitte à m'aventurer hors des sentiers battus. Ce que je n'ai pas hésité à faire* » mentionne monsieur Coutu dans l'ouvrage *Sans prescription ni ordonnance*.

Il met donc en place une campagne promotionnelle originale pour l'époque, soit un concours de popularité s'adressant aux jeunes.

Chaque sou dépensé dans la pharmacie gratifiait l'acheteur d'un vote pour l'enfant de son choix. Vingt-cinq garçons et vingt-cinq filles rivalisaient ainsi pour mettre la main sur un prix : un train électrique de marque Lionel pour les garçons et une poupée qui disait « *maman* » pour les filles.

Ce concours contribua à faire grimper les ventes et permis d'attirer une nouvelle clientèle intriguée par une initiative aussi peu conventionnelle pour l'époque. À la fin de la première année d'exploitation, le chiffre d'affaires de la pharmacie était passé de 67 000 $ à 113 000 $.[8]

Aujourd'hui, le Groupe Jean Coutu compte plus de 400 pharmacies et emploie près de 19 000 personnes.[9]

Et que dire des Rôtisseries St-Hubert qui ont fait figure de pionnier en investissant massivement dans la publicité à la radio au début des années 1950. Deux semaine après le début de la campagne, l'entreprise était rentable alors que sa situation financière était précaire auparavant.[10] L'entreprise innova peu après en étant le premier restaurant à annoncer à la télévision au Québec.

L'innovation doit être présente dans toutes les sphères de votre entreprise, incluant vos stratégies publicitaires. Vous devez être créatif et sortir des sentiers battus afin de capter l'attention des gens sous peine de vous fondre dans la masse.

Regardez l'image de la page suivante. Disons que le pommier représente un média quelconque et que les pommes représentent des publicités. Aucune d'entre elles attire notre attention à priori, puisqu'elles sont sommes toutes quasi identiques.

Prenons la même image et modifions un détail. Que voyez-vous à présent ?

Vos publicités doivent représenter cette pomme lignée. Elles doivent se démarquer des autres afin de capter l'attention de votre public cible.

D'autant plus qu'avec l'avènement des réseaux sociaux, une idée géniale peut se répandre comme une trainée de poudre, offrant ainsi une visibilité accrue aux entreprises.

Cherchez donc à développer des concepts créatifs et innovants. Surprenez les gens et renouvelez-vous, comme le fait si bien la Fédération des producteurs de lait du Québec depuis de nombreuses années.

Voici d'ailleurs un extrait d'une entrevue accordée au magazine Infopresse par Nicole Dubé, directrice du marketing, dans laquelle elle nous explique pourquoi elle a pris la décision de mettre fin à la campagne publicitaire intitulée « *Blanc* », qui connaissait pourtant un succès sans précédent, en utilisant de grands classiques de la chanson française.

« Je ne voulais pas attendre que l'on commence à dire : « C'est assez ». L'usure, je ne veux pas la vivre. Je pars toujours avant. Pourtant, en 2003, vers la fin de la campagne « Blanc », l'appréciation était à 98 %. François Descarie, d'Ipsos-Descarie, me disait : « Je n'ai jamais vu ça pour un client. » Mais je ne voulais pas faire l'erreur de certains, qui refont trop longtemps la même chose. »[11]

Familiprix a fait de même après avoir fait un tabac entre 2002 et 2009 avec sa campagne télévisuelle « *Ah! Ah! Familiprix* ». André Rhéaume, vice-président marketing de l'entreprise, explique dans une entrevue accordée au journal Les Affaires les raisons qui ont mené à la fin abrupte de cette campagne.

« On l'a arrêtée quand les gens l'aiment encore beaucoup, parce qu'on ne voulait pas voir l'intérêt s'user. Il ne fallait pas se rendre là, comme le monsieur B de Bell, dont on s'est lassé. »[12]

Rappelez-vous cependant que l'innovation ne représente qu'un élément dans l'équation du succès. Une publicité créative et innovante qui rejoint la mauvaise cible, que l'on ne comprend pas, que l'on ne voit pas, que l'on n'attribue pas ou encore, qui communique le mauvais message, sera inévitablement classée dans la colonne des échecs.

5. Soyez honnête

L'honnêteté doit faire partie de vos valeurs fondamentales, car un jour ou l'autre, la vérité finit toujours par triompher, comme l'ont appris à leurs dépens les trois personnes suivantes.

En 2005, des policiers de la GRC et des représentants de l'Autorité des marchés financiers (ATM) ont perquisitionné les bureaux de l'entreprise québécoise Norbourg.

On découvrit dès lors que Vincent Lacroix, le fondateur de Norbourg, avait fraudé plus de 9 200 investisseurs entre 1998 et 2005 pour un montant total de 130 millions de dollars.

Lacroix fut d'abord déclaré coupable de 51 chefs d'accusations au terme du procès que lui intenta l'ATM. Il reçut finalement une peine de prison de cinq ans moins un jour. Deux ans plus tard, il fût condamné à une peine de prison supplémentaire de treize ans au terme d'un procès pénal.

Gérald Gallant, le plus grand tueur en série que le Québec ait connu, a réussi à berner les policiers pendant plus de 20 ans avant d'être arrêté en 2006. Ce dernier admit qu'il avait tué de sang-froid 28 hommes entre 1978 et 2003. Il fût condamné 41 fois à la prison à vie avec possibilité d'une libération conditionnelle dans 25 ans.

En 2009, le célèbre golfeur Tiger Wood a vu les médias du monde entier révéler au grand jour qu'il aurait eu au moins une vingtaine de maitresses, alors qu'il était marié au mannequin Suédois Elin Nordegren.

Woods dut faire des excuses publiques et prit la décision de suivre une cure de désintoxication au sexe. Sa femme le quitta malgré tout, alors que plusieurs commanditaires comme Gillette et Gatorade l'abandonnèrent.

Il n'y a évidemment aucune comparaison à faire entre le comportement de Lacroix, Gallant et Woods. Mon seul objectif est plutôt de vous démontrer qu'il est pratiquement impossible de tromper tout le monde tout le temps, comme l'explique si bien cette citation de l'ancien président des États-Unis Abraham Lincoln :

« Vous pouvez tromper quelques personnes tout le temps. Vous pouvez tromper tout le monde un certain temps. Mais vous ne pouvez tromper tout le monde tout le temps ».

En ce sens, ne cherchez sous aucun prétexte à berner vos clients, notamment par le biais de stratégies publicitaires trompeuses ou malhonnêtes, car vous pourriez vous exposer à des sanctions et entacher votre image, comme dans le cas des entreprises suivantes.

En 1998, la Compagnie de la Baie d'Hudson a reconnu sa culpabilité devant la Cour de l'Ontario pour publicité trompeuse et dût acquitter une amende de 600 000 $.

L'entreprise affirmait dans une publicité, que les soldes annoncés sur différentes marques de bicyclettes ne seraient en vigueur que pour un court laps de temps, alors que ce n'était pas le cas.[13]

En 2011, le géant Reebok s'est engagé auprès de la *Federal Trade Commission* (FTC) à créer un fonds de 25 millions de dollars afin de rembourser les acheteurs de chaussures de modèle Easytone et Runtone.

Les publicités promettaient notamment aux consommateurs une augmentation de 28 % de la tonicité des muscles fessiers alors qu'aucune preuve scientifique ne permettait de croire de telles affirmations.[14]

Dans la même veine, la société Bauer Hockey a conclu un règlement avec le Bureau de la concurrence en 2014 et devra faire don d'équipements d'une valeur de 500 000 $ à un organisme de bienfaisance qui encourage les jeunes à pratiquer des sports.

Le Bureau a estimé que les publicités de Bauer pour promouvoir son casque RE-AKT donnaient à tort l'impression de protéger les joueurs de hockey contre les commotions cérébrales causées par les chocs générant une force de rotation.[15]

En 2016, c'est le détaillant de meubles Brault et Martineau qui a été condamné à 75 000 $ d'amendes. L'entreprise avait diffusé des publicités à la radio en décembre 2012 qui laissait croire qu'elle payait les taxes sur tous les électroménagers, alors que la promotion s'appliquait uniquement à certains modèles.[16]

McDonald's a plutôt opté pour l'honnêteté avec sa campagne « *Vos aliments. Vos questions* »[17] Dans un article publié dans le journal La Presse, Joel Yashinsky, vice-président principal et chef du marketing de l'entreprise au Canada, mentionne :

« *On a décidé d'être transparent et honnête, car il y avait beaucoup de rumeurs, mythes et désinformations à notre sujet, alors que la qualité de la nourriture est primordiale pour nous.* »[18]

Dans le même article, on apprend que McDonald's a répondu à plus de 20 000 questions du public et ses vidéos réponses ont été visionnées plus de 14 millions de fois. Sans compter que son nombre d'admirateurs est rapidement passé de 300 000 à près de 700 000 sur Facebook.

6. répétez, répétez et répétez

Plusieurs entreprises croient à tort pouvoir influencer les gens par le biais d'une seule annonce publicitaire dans l'hebdomadaire de leur quartier ou en distribuant annuellement un dépliant aux portes.

Pour espérer obtenir du succès, vous devez marteler continuellement votre message, au même titre que les plus grands sportifs répètent les mêmes gestes continuellement.

Par exemple, Wayne Gretzky a fracassé pratiquement tous les records de la Ligue nationale de hockey au cours de sa carrière. Il a obtenu 2 857 points, dont 894 buts, en 1 487 parties et maintenu une moyenne de but par lancer de 17,6 %. C'est donc dire que Gretzky devait lancer en moyenne six fois sur les gardiens adverses avant de compter un but.[19]

On estime qu'une personne doit être en contact avec une publicité au moins trois fois avant de passer à l'action. Ceci implique que la dite publicité devra être diffusée à plusieurs reprises, car dans les faits, il est plutôt rare qu'une personne soit en contact et attentive à l'ensemble des publicités diffusées par un annonceur.

Vous devez également être conscient que la mémoire est une faculté qui oublie. Dans son livre *1001 trucs publicitaires*, Luc Dupont mentionne que lorsque vous cessez de répéter vos publicités, le souvenir de votre campagne décroît très rapidement au début, puis plus lentement par la suite.

Il fait également référence à un exemple fort éloquent. « *Durant la crise de 1973 qui amena les fabricants de cacao à augmenter leurs prix, Hershey's, le fabriquant numéro un de chocolat, coupa ses budgets publicitaires tandis que la compétition décida d'investir massivement en publicité. Résultat : en peu de temps, Hershey's perdit sa première position et, malgré un retour remarqué en 1981, elle ne put jamais la reprendre.* »[20]

Rappelez-vous que la fréquence est un élément indissociable de la recette du succès. Assurez-vous donc de répéter fréquemment votre message.

7. Apprenez de vos erreurs

Toute personne qui prend des décisions se trompera un jour ou l'autre. L'important est d'avoir l'humilité de l'admettre avant qu'il ne soit trop tard et d'en tirer une leçon. C'est exactement ce que fit Roberto Goizueta, ex-PDG de Coca-Cola.

Au début des années 80, Coca-Cola perd des parts de marché au profit de Pepsi dans plusieurs états américains. Pour contrer cette baisse de régime, les dirigeants prennent la décision de modifier la recette qui a fait le succès de Coca-Cola. Le « *New Coke* » est lancé en grande pompe le 23 avril 1985 devant une meute de journalistes.

Avant d'être lancé, le New Coke a été testé secrètement durant des mois auprès de deux cents milles Américains. Environ 40 % des gens affirmèrent préférer le goût traditionnel, mais les spécialistes du marketing expliquèrent que les deux tiers ce ceux-ci, plus attachés à la marque qu'à la boisson, se convertiraient assez vite au nouveau goût et même deviendraient les plus fervents défenseurs du New Coke.[21]

Erreur ! En moins d'un mois, quarante mille lettres de plaintes affluèrent de tout le pays au service courrier d'Atlanta. On compta 557 pétitions signées par 28 138 consommateurs mécontents.[22]

Moins de trois mois après le lancement du New Coke, Le PDG de l'époque, Roberto Goizueta, céda à la pression populaire et admit qu'il s'était trompé. Le « *Coke Classic* » était de retour.

Cette bévue coûta temporairement des parts de marché à Coca-Cola, mais elle a surtout permis à Goizueta de prendre conscience du potentiel de sa marque. En admettant son erreur rapidement, il limita les dégâts et permit à l'entreprise de sortir plus forte que jamais de cette expérience.

Aujourd'hui, Coca-Cola est le leader mondial des boissons rafraichissantes sans alcool. En 2012, le magasine américain *Fortune* l'a classée au quatrième rang de son palmarès des entreprises les plus admirées au monde alors que le *Boston Consulting Group* l'a nommée l'entreprise la plus innovante du secteur des produits de grande consommation.

Personne n'est à l'abri d'une mauvaise décision. Toutefois, comme l'affirmait John Kennedy « *Une erreur ne devient une faute que si l'on refuse de la corriger* ».

Si vous diffusez une campagne publicitaire et que cette dernière n'est pas acceptée socialement, admettez vos torts et réagissez rapidement afin de démontrer votre bonne foi et surtout, de minimiser les impacts négatifs.

C'est ce que fit la compagnie British Airways après avoir diffusé une publicité, somme toute banale a priori, visant à promouvoir ses destinations dans l'océan Indien. Le problème est que la publicité en question fût diffusée au mois de mars 2014, soit quelques jours seulement après la disparition dans ce même océan du vol MH370 de la compagnie Malaysia Airlines.

Plusieurs personnes qualifièrent l'offensive de British Airways de mauvais goût et de provocation. La compagnie retira rapidement la publicité et présenta ses excuses sur son compte Twitter en précisant que cette campagne publicitaire était prévue depuis plusieurs mois, mais qu'elle reconnaissait que sa sortie survenait à un mauvais moment.

> **British Airways** @British_Airways · 27 mars
>
> Our Indian Ocean advert contained pre-scheduled content that we recognise is inappropriate at this time. We're sorry for any offence caused.
>
> 99   45

La Société des alcools du Québec (SAQ) a également bien réagit en 2016 après avoir diffusée une publicité controversée dans certains bars et restaurants de la province.

Ladite publicité affichait le message suivant : « *Tout le goût de menthe sans le 2 $ de pourboire. Le mojito, encore meilleur à la maison* ».

Plusieurs travailleurs et travailleuses de l'industrie de la restauration ont vu cette campagne publicitaire comme un affront de la part de la SAQ et n'ont pas hésité à manifester leur mécontentement sur les réseaux sociaux.

La société d'État a rapidement réagi en retirant la publicité incriminante et en présentant le message d'excuses suivant sur sa page Facebook :

> « *La SAQ tient sincèrement à s'excuser auprès de l'industrie de la restauration qui a visiblement été froissée par l'une des récentes publicités de notre campagne été diffusée dans les bars de la métropole. Sachez que, suivant vos commentaires, la SAQ a entrepris les démarches pour faire retirer la publicité dans les établissements concernés.*
>
> *L'intention derrière cette publicité était de valoriser et de développer la culture du cocktail à la maison. En aucun cas, la SAQ a voulu discréditer le travail remarquable des mixologues et serveurs qui sont de véritables ambassadeurs de marque pour nos produits. Vous êtes l'âme de la culture cocktail et vous méritez pleinement chaque dollar versé en pourboire.*
>
> *Au final, nous savons très bien qu'il n'y a pas d'égal qu'un bon cocktail préparé par un professionnel passionné!* »

Évidemment, mieux vaut prévenir que guérir. Prenez donc l'habitude d'évaluer vos concepts publicitaires auprès d'un groupe échantillon avant de les diffuser, comme nous le verrons au chapitre 3.

En conclusion

Les sept commandements présentés dans ce premier chapitre sont au cœur d'une stratégie gagnante basée sur le long terme. Ils doivent être ancré dans votre esprit et faire partie intégrante de la culture de votre entreprise. Relisez-les donc fréquemment et partagez-les avec votre équipe afin qu'elle puisse, tout comme vous, y adhérer.

CHAPITRE 2 : 7 ÉLÉMENTS À CONSIDÉRER

De façon imagée, la publicité est un peu comme le *curriculum vitae*. Bien fait et bien ciblé, ce dernier permet non pas d'obtenir un emploi, mais un entretien. Une fois cet objectif atteint, ce sera au candidat de prendre les moyens nécessaires pour convaincre l'employeur de l'embaucher.

Un candidat qui se présente à son entrevue en retard avec une apparence négligée et une attitude négative a peu de chance d'obtenir le poste convoité, et ce, même si son curriculum vitae fait de lui le meilleur candidat.

Il en va de même avec la publicité. Sa principale fonction consiste à inciter le consommateur à considérer un produit, un service ou une idée et par conséquent, elle ne représente qu'une étape dans le processus de décision.

Comme le démontre le schéma de la page suivante, un site web, un emplacement, un environnement physique, des stocks, un emballage ou un service à la clientèle inadéquat, de même que des avis négatifs sur les réseaux sociaux, sont autant d'éléments qui peuvent brusquement freiner le processus d'achat (ou de décision) enclenché par la publicité.

Principaux éléments pouvant interférer dans le processus de décision

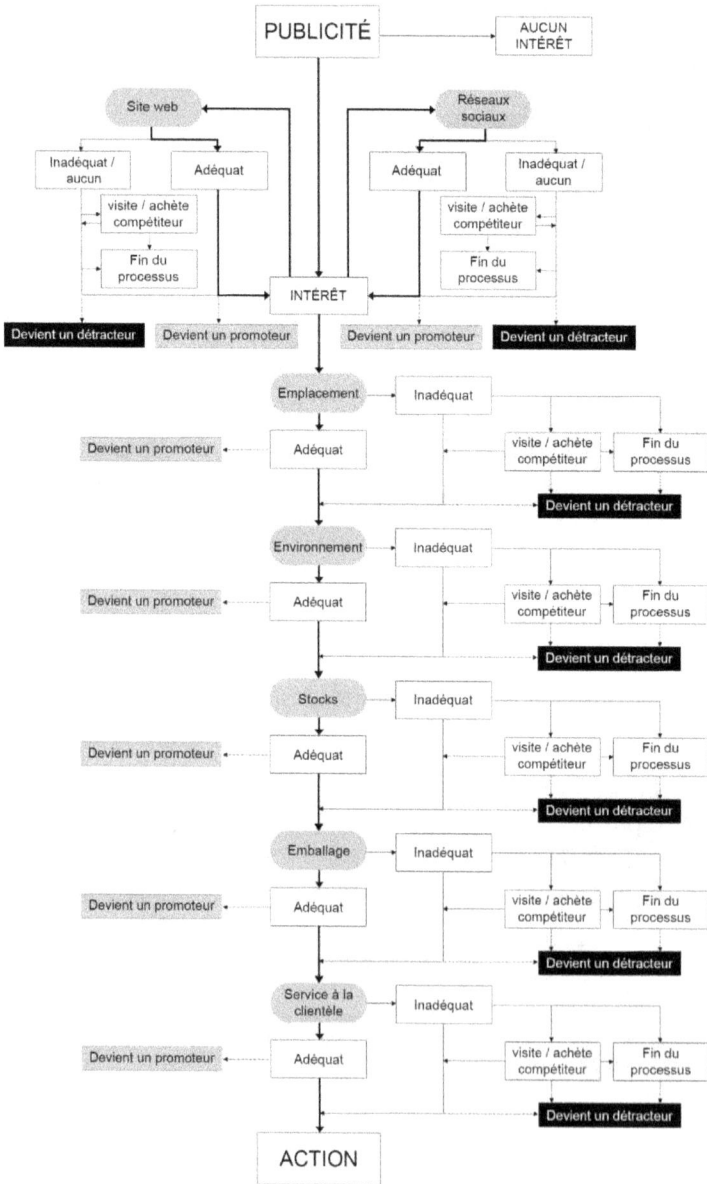

Pire encore, ils peuvent faire en sorte que le consommateur devienne un détracteur, c'est-à-dire qu'il partage son expérience ou ses impressions avec ses proches, risquant ainsi de les influencer négativement au passage.

À l'inverse, un client satisfait risque non seulement de transformer l'intérêt suscité par la publicité en action concrète, mais de consommer davantage, de revenir ultérieurement et de devenir un promoteur, c'est-à-dire de référer l'entreprise à ses proches. Bref, il deviendra lui-même un vecteur publicitaire.

Dans le présent chapitre, nous allons nous attarder aux principaux éléments qui peuvent venir interférer dans le processus de décision enclenché par la publicité, car au bout du compte, à quoi bon développer les meilleures campagnes publicitaires, si les intentions ne se transforment pas en action.

Le site web

Le web, tel que nous le connaissons aujourd'hui, fut popularisé au milieu des années 90. Au fil du temps, les gens ont appris à apprivoiser ce nouvel univers et l'ont tranquillement intégré à leur quotidien. De nos jours, les nouvelles générations sont initiées dès leur plus jeune âge à cette technologie et ne pourraient guère s'en passer.

Une étude réalisée pour AVG Media Center en 2014 révèle que 47 % des enfants âgés de 2 à 5 ans savent naviguer sur un téléphone intelligent ou une tablette, alors que seulement 14 % peuvent attacher leurs souliers.[23]

En 2015, l'Union internationale des télécommunications a estimé à 3,2 milliards le nombre de personnes connectées à Internet à travers le monde, soit 43,4 % de la population mondiale[24]. Quant au Canada, il est l'un des pays les plus branchés de la planète avec près de 90 % des foyers qui ont accès à Internet.

Malgré cette popularité grandissante, 54 % des entreprises canadiennes ne possèdent pas de site Web[25]. L'une des principales raisons invoquées pour justifier leur absence de la Toile est qu'elles n'ont rien à vendre en ligne.

Bien qu'elle soit très lucrative, la vente en ligne ne doit pas être le seul facteur à prendre en considération pour justifier la création d'un site Web. D'ailleurs, seulement 14 % des entreprises canadiennes offrent le paiement en ligne.[26]

Alors, pour quelle raison les entreprises devraient-elles se doter d'un site Web ? La meilleure façon de répondre à cette question est de vous poser une question : Que feriez-vous si votre laveuse à linge, d'une dizaine d'années, cessait de fonctionner subitement ?

Vous entameriez probablement une recherche sur Google pour identifier le problème ou pour trouver soit un fournisseur de pièces, un réparateur certifié ou encore un détaillant d'électroménagers près de chez vous.

De même que si vous étiez en possession d'une voiture vieillissante et qu'une publicité vantant un modèle de l'année attirait votre attention, il y a fort à parier que vous visiteriez le site web de l'annonceur pour obtenir de plus amples renseignements sur les caractéristiques et les offres en cours.

Les gens apprécient de pouvoir magasiner dans le confort de leur foyer, mais surtout, ils apprécient de pouvoir rechercher, comparer et s'informer sur un produit ou un service avant de contacter ou de se déplacer chez un détaillant.

Une enquête[27] réalisée par le CEFRIO nous apprend qu'en 2015, 37 % des adultes québécois ont consulté préalablement à l'achat d'un produit ou d'un service le site Web ou l'application mobile d'un fabricant ou d'un revendeur. Et plus les gens sont scolarisés et fortunés, plus ils sont enclins à agir de la sorte.

Conséquemment, une entreprise qui ne possède pas de site Web risque d'être ignorée par bon nombre de personnes, ce qui se traduira par des pertes monétaires pour le commerçant.

Avoir un site web est une chose, encore faut-il qu'il soit bien conçu. Pour être efficace, un site web doit être visuellement attrayant, bien structuré, et offrir un contenu pertinent qui répond aux besoins des internautes.

Il doit également être bien référencé, c'est-à-dire qu'il doit être optimisé pour les moteurs de recherche[ii] comme Google. Meilleur sera le référencement naturel d'une page Web, meilleur sera son positionnement dans les résultats des moteurs de recherche.

Une étude[28] menée par l'agence française Synodiance en 2013 a permis de déterminer que le taux de clics moyen des cinq premiers résultats naturels[iii] dans Google était de 22,9 % contre 6,9 % pour les positions 6 à 10.

[ii] L'optimisation pour les moteurs de recherche est couramment appelée SEO, soit l'acronyme de *Search Engine Optimization*
[iii] Résultats non sponsorisés

Taux de clic par position

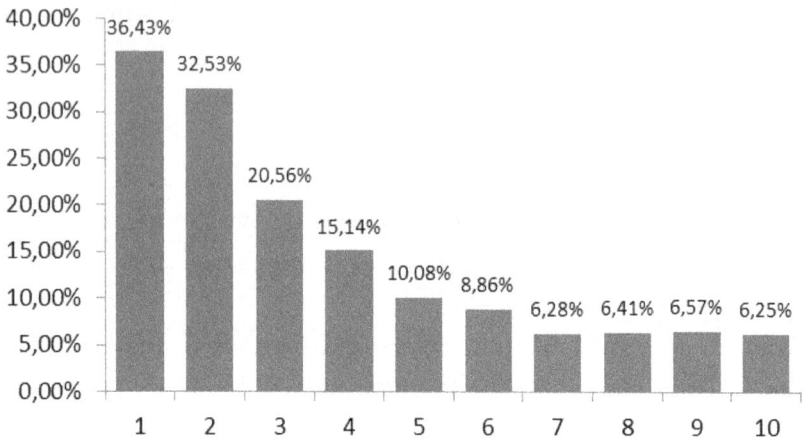

Toujours selon la même étude, la première page de résultats draine 69 % du volume de clics alors que la deuxième page en obtient 11 %, la troisième 5 % et la quatrième, seulement 4 %.

Une technique efficace pour améliorer son référencement naturelle et rejoindre les internautes indirectement consiste à publier sur son site web des articles qui répondent à des questions précises.

Marcus Sheridan, propriétaire de River Pools and Spas, une entreprise du nord de la Virginie de 20 employés spécialisée dans l'installation de piscines creusées en fibre de verre, explique dans un article[29] paru dans le New York Times comment cette technique a été bénéfique pour son entreprise.

En 2009, l'entreprise de Sheridan a été frappée de plein fouet par la crise financière qui sévissait aux États-Unis. En peu de temps, quatre clients qui avaient prévu installer une piscine coûtant plus de 50 000 $ ont exigé un remboursement de leur dépôt.

Étant donné la baisse drastique de revenu, Sheridan a été dans l'obligation de sabrer ses investissements marketing. Son budget annuel est alors passé de 250 000 $ à environ 25 000 $, ce qui l'amena à délaisser les médias traditionnels très coûteux comme la télévision et la radio.

Plutôt que de se laisser abattre, il entama une réflexion sur sa façon d'utiliser Internet et réalisa que la plupart de ses recherches, comme celles des gens en général, visaient à trouver une réponse à une question spécifique.

À sa grande surprise, les entreprises dans son secteur d'activité ne voulaient pas nécessairement donner de réponse, mais cherchaient plutôt à parler de leur produit ou service.

Par exemple, aucun détaillant de piscines, comme dans bien d'autres secteurs, ne souhaite afficher ses prix sur le web, car ces derniers varient énormément en fonction des options et des accessoires sélectionnés.

À partir de ce constat, Sheridan prit la décision d'écrire un article sur la question et de le publier sur son site Web. Il expliqua que le prix pouvait varier entre 20 000 $ et 200 000 $ dépendant des modèles et des options choisies.

En moins de 24 heures, son article s'est retrouvé en tête des résultats de recherches en lien avec le prix d'une piscine creusée en fibre de verre. Sheridan estime que ce simple article lui a rapporté plus de 1,7 million de dollars en vente.

Sheridan poursuivit sa stratégie. Il alla même jusqu'à publier un article sur ses principaux compétiteurs, car plusieurs de ses clients tentaient régulièrement de le piéger en lui demandant s'il connaissait d'autres détaillants de piscines.

Il écrivit donc un article sur les dix meilleurs détaillants de piscines de la région sans jamais se mentionner afin de garder sa crédibilité. Ainsi, toutes les recherches sur le Web qui débutaient par « *review* » (appréciation) suivi du nom de l'une de ses entreprises voyaient apparaître le site Web de River Pools and Spas dans les principaux résultats.

Aujourd'hui, l'entreprise de Sheridan est considérée comme un leader dans son secteur d'activité, tout comme ce dernier qui est appelé à prononcer des conférences lors de divers événements au travers les États-Unis.

Il existe plusieurs autres techniques pour améliorer le référencement naturel d'un site web, dont certaines demandent des connaissances approfondies en informatique. Il est également possible de faire l'achat de liens sponsorisés en fonction de mots clés afin de se retrouver dans les premiers résultats de recherche.

Comme l'a dit Napoléon Bonaparte : *Avec de l'audace, on peut tout entreprendre, on ne peut pas tout faire.* Soyez donc conscient de vos limites et n'hésitez pas à faire appel à des professionnels afin d'augmenter vos chances de succès.

SEPT CONSEILS ADDITIONNELS :

1. Assurez-vous que chacune des pages de votre site Web corresponde à une expression ou à un mot clé précis, ce qui améliorera le référencement naturel. Par exemple, une boutique d'articles de sports pourrait avoir une page pour les articles de hockey pour enfants, une pour les articles de hockey pour adultes et ainsi de suite. Elle pourrait également inclure des pages plus spécifiques, comme par exemple une page qui explique comment choisir son bâton de hockey.

2. De nos jours, les gens se connectent sur Internet par le biais de leur téléphone intelligent et de leur tablette électronique. D'où l'importance de développer un site web optimisé pour le mobile. D'autant plus qu'en 2015, le géant Google a modifié son algorithme de recherche afin de privilégier les sites dit « *Mobile Friendly* ». Vous pouvez vérifier si votre site web est adapté en ce sens en entrant l'URL de ce dernier dans le formulaire mis en ligne par Google : www.google.com/webmasters/tools/mobile-friendly

3. Les images facilitent la compréhension tout en permettant d'alléger un texte. Par contre, ces dernières doivent être libres de droits ou vous appartenir. Il faut également obtenir le consentement écrit d'une personne avant d'utiliser son image sous peine d'être poursuivi devant les tribunaux. En 1998, le médaillé olympique Bruny Surin intenta une poursuite de 95 000 $ contre une entreprise qui avait créé un site Web sur lequel elle utilisait, sans son consentement, son nom et son image pour l'associer à ses produits;

4. Le trafic généré sur les sites web provient de plus en plus de sources externes comme les réseaux sociaux. Conséquemment, plusieurs personnes aboutissent sur les pages intermédiaires où se situe l'information et non sur la page d'accueil. D'où l'importance d'accorder une grande importance au design de l'ensemble de votre site web. Utilisez des titres et des sous-titres, intégrez des mots clé au contenu et révisez l'ensemble de vos textes, car les erreurs de syntaxe et les fautes d'orthographe viennent miner la crédibilité d'une entreprise;

5. En 2009, Eric Schurman de Microsoft et Jake Brutlag de Google ont dévoilé des statistiques très intéressantes lors d'une conférence[30] prononcée à San Jose : Un délai supplémentaire de deux secondes dans le téléchargement d'une page web entraine une réduction du taux de satisfaction de 3,8 % ainsi qu'une baisse de revenu par utilisateur de 4,3 %. D'où l'importance de créer des pages qui se téléchargent rapidement;

6. La lisibilité du texte peut être influencée par plusieurs facteurs, dont la police, la taille et la couleur des caractères. L'espacement entre les mots, de même que les contrastes entre le texte et l'arrière-plan, sont également des éléments à considérer;

7. Choisissez un nom de domaine simple et en lien avec votre entreprise. Vous pouvez également faire l'achat d'adresses similaires et surtout, d'un maximum d'extensions. France Télévision s'est retrouvée dans l'embarras après avoir fait l'achat des noms de domaine France2.fr et France3.fr alors que France2.com et France3.com ont été acquis par une société étrangère qui profita de l'occasion pour diffuser des messages haineux à l'égard des Français. Au Québec, le village historique de Val-Jalbert, dont l'adresse internet est valjalbert.com, s'est retrouvé dans une situation semblable en 2013 alors qu'un individu a créé un site internet satirique en utilisant l'adresse valjalbert.ca.

Les réseaux sociaux

L'enquête NETendance 2015[31], réalisé par le CEFRIO, nous apprend que près des trois quarts des adultes québécois sont utilisateurs des réseaux sociaux (la proportion atteint 90,9 % chez les gens âgés entre 18 et 44 ans) et que 54,7 % suivent au moins un organisme, une entreprise ou une personnalité.

L'enquête nous apprend également que 29,7 % des adultes québécois consultent les réseaux sociaux pour obtenir de l'information avant l'achat d'un produit ou d'un service et que 40,4 % prennent en considération les avis et les recommandations qu'on y trouve.

C'est donc dire qu'au contact d'une publicité, plusieurs personnes vont visiter non seulement le site web d'une entreprise, mais ses réseaux sociaux afin d'obtenir de plus amples renseignements ou encore, pour obtenir des avis et des recommandations.

Les entreprises doivent donc s'intéresser à ce nouveau phénomène de société et idéalement, assurer une présence sur les principales plateformes. Ceci permet non seulement de garder un certain contrôle sur son image, mais de créer un contact direct avec sa clientèle.

Sans compter qu'une communauté en ligne représente un média en soi et par conséquent, une plateforme d'une valeur inestimable pour promouvoir ses produits, ses services et ses idées.

Pour obtenir des résultats, il faut cependant utiliser les réseaux sociaux de façon convenable. Malheureusement, la plupart des entreprises se contentent d'ouvrir un compte Facebook et espèrent que les gens vont s'intéresser à elle instantanément. Elle ne dispose d'aucune stratégie et compte sur la providence pour développer leur communauté.

Il en va de même avec les réseaux professionnels. Plusieurs entreprises investissent annuellement d'importantes sommes d'argent en frais de « *membership* » afin que leurs employés puissent les représenter dans une association d'affaires, comme par exemple une chambre de commerce.

Dans les faits, très peu obtiennent un retour sur investissement satisfaisant, puisque la majorité des gens membres des réseaux professionnels sont en mode passif.

Un membership, tout comme un compte Facebook ou Twitter, ne représente rien de plus qu'un accès privilégié. C'est en participant, en s'impliquant et en interagissant avec les autres qu'on obtient des résultats. Pour vous aider, vous trouverez dans les pages suivantes une série de six règles de base à respecter.

a) Interagissez avec les gens

Dans son livre « *Les médias sociaux 101* », Michelle Blanc mentionne que les entreprises qui parlent seulement de leur marque, de leurs succès et de leurs produits enfreignent un principe de base, soit celui du « *je, tu, il, nous, vous, ils* ».

C'est comme dans les relations interpersonnelles. Très peu de personnes s'ont intéressés à fréquenter des gens égocentriques qui s'intéresse peu ou pas aux autres.

Si vous ne faite que diffuser de l'information promotionnelle en lien avec votre entreprise et bien vous serez perçu ainsi et les gens risque de se désintéresser à vous rapidement.

Pour obtenir du succès, vous devez communiquer, ce qui veut dire établir une relation avec autrui. Posez des questions, soyez réceptif aux commentaires, abonnez-vous à d'autres comptes et rediffusez du contenu. Et surtout, utilisez un ton informelle afin de créer une relation de proximité.

Guillaume Gibault, PDG de l'entreprise de sous-vêtements *Le Slip Français*, l'a bien compris. Ce dernier a développé une stratégie efficace qui fait en sorte que 40 % de sa clientèle provient des réseaux sociaux. Voici d'ailleurs un extrait d'une entrevue ou il explique les raisons de son succès.

« *On ne diffuse pas de promo, pas d'infos produit, car les gens sont là pour se détendre... On raconte ce qui se passe vraiment dans l'entreprise, les projets sur lesquels on bosse, sur un ton léger et détendu, et ça plait.* »[32]

b) Répondez rapidement aux questions

Les gens recherchent un contacte instantané sur les réseaux sociaux. Conséquemment, leur niveau de tolérance face aux délais de réponse est plutôt limité, comme en fait foi l'exemple suivant.

En 2013, la compagnie aérienne British Airways égara les valises d'un homme. Son fils, un adepte des réseaux sociaux, décida d'adresser son mécontentement à la compagnie par le biais de Twitter.

La compagnie tarda à répondre à l'individu qui entre-temps, pris la décision de faire l'achat d'un tweet sponsorisé, c'est-à-dire de payer pour augmenter la portée de son message.

Il débarsa donc 1 000 $ afin de diffuser le message suivant : *Don't fly @BritishAirways. Their customer service is horrendous.*[33] (Ne volez pas avec British Airways. Leur service à la clientèle est horrible).

La compagnie répondit finalement 12 heures plus tard en prenant soin de présenter ses excuses et en expliquant le délai de réponse par le fait que son compte Twitter était animé uniquement entre 9 h et 17 h.

Bien que British Airways retraça finalement les bagages de l'individu, le délai de réponse fit en sorte que le message sponsorisé fut vu par plus de 76 000 abonnés Twitter, sans compter que des médias tels le Figaro, le Huffington Post, The Telegraph, le USA Today et Fox News reprirent la nouvelle.

Dans un monde idéal, vous devriez répondre aux commentaires et aux questions instantanément. D'autant plus que le web est un réseau mondial. Ainsi, lorsqu'il est 1 h à Montréal et bien il est 7 h à Paris, 10 h à Moscou et 14 h à Shanghai

Évidemment, répondre instantanément est utopique et pratiquement impossible pour la plupart des entreprises. Vous pouvez cependant prendre l'habitude de vérifier vos réseaux quelques fois par jours.

La compagnie Néerlandaise KLM Royal Dutch Airlines va quant à elle beaucoup plus loin. Sur son compte Twitter, elle offre un service 24h7 et ce, dans dix langues différentes. De plus, elle affiche clairement le temps d'attente maximum avant de recevoir une réponse, comme le montre la capture d'écran suivante.

c) Soyez constant

Vous devez être constant dans la fréquence de vos publications si vous souhaitez fidéliser les Internautes et bâtir une communauté dynamique.

Pour y arriver, je vous recommande fortement de mettre en place un plan d'action. Par exemple, vous pourriez promouvoir votre blogue le lundi, afficher une promotion le mardi, poser une question le mercredi et ainsi de suite.

Une autre façon d'alimenter les réseaux sociaux consiste à mettre en place un système de veille. Une technique simple et gratuite consiste à identifier des mots clés reliés à votre secteur d'activité et à créer des alertes sur Google (www.google.ca/alerts).

Mon compte Twitter est en grande parti alimenté de cette façon. Grâce à cette technique, je reçois une panoplie d'articles en lien avec le marketing et la publicité directement dans ma boîte de courriel, ce qui m'évite de perdre du temps à faire de la recherche sur le Web.

En agissant de la sorte, vous ferez une pierre deux coups puisque l'information collectée vous permettra non seulement d'alimenter votre communauté, mais elle vous informera personnellement des dernières tendances reliées à votre secteur d'activité.

d) Développer des stratégies novatrices

Les réseaux sociaux offrent mille et une possibilités! Cherchez donc à les exploiter au maximum en créant des concepts originaux qui vous permettront de sortir du lot.

Afin de vous inspirer, vous trouverez ci-dessous quelques exemples de stratégies qui ont obtenu du succès auprès des Internautes.

L'enseigne Darty, une entreprise française de magasins spécialisés dans la vente d'électroménagers, de matériel informatiques et audiovisuels, invita les Internautes en 2013 à utiliser le hashtag #TweetsParty sur Twitter afin de débloquer des offres promotionnelles.

Pour chaque pallier de 200 tweets, la compagnie baissait le prix d'un article sélectionné, jusqu'à concurrence de quatre articles. L'engouement fut tel que moins de 24 h après le lancement de l'offensive, l'ensemble des promotions avaient été débloquées.

En 2013, Obermutten, un petit village Suisse d'à peine 80 habitants, a fait la démonstration qu'il n'était pas nécessaire d'investir d'importantes sommes d'argent pour obtenir du succès sur les réseaux sociaux.

Le maire de l'endroit fit la promesse d'épingler la photo de toutes les personnes qui aimeraient la page Facebook du village sur un panneau situé au cœur de la commune. Le panneau se rempli à une vitesse effréné, à tel point que les habitants durent utiliser la grange du village pour afficher les portraits des gens*.

Un autre exemple concerne la marque Jean-Paul Gaultier. Cette dernière lança l'opération « *French Kiss* » en 2014 à l'occasion de la Saint-Valentin. Les Internautes étaient invités à poster leur plus beau baiser sur le réseau social *Instagram* via le hashtag #jpgfrenchkiss.

Les photos ont ensuite été compilées dans un film *stop motion* et le couple ayant offert le plus beau baiser s'est vu offert une soirée de rêve pour la Saint-Valentin.

e) *Tournez vos doigts sept fois avant de publier*

Comme nous venons de le voir, tout ce que l'on diffuse sur les réseaux sociaux peut se rependre comme une trainée de poudre. Ainsi, un commentaire, une photo ou une vidéo peut subitement enflammer les réseaux sociaux et devenir viral. Et malheureusement, ce n'est pas toujours pour les bonnes raisons.

Le problème avec les réseaux sociaux, c'est que les internautes jugent au premier degré ce qu'ils voient. On ne peut pas expliquer notre raisonnement et utiliser notre langage non verbal comme on le ferait dans un 5 à 7.

Plusieurs entreprises se retrouvent donc à gérer des crises suite à la diffusion de propos mal interprétés et jugés déplacés par les Internautes. C'est ce qui arriva à la Caisse d'Épargne d'auvergne et du Limousin en 2013.

L'institution financière publia sur son compte Facebook une photo d'un écureuil dont les testicules étaient coincés dans l'armature d'une mangeoire.

La photo était accompagnée du slogan suivant : « *Parce que les accident n'arrivent pas qu'aux autres, la Garantie des accidents de la vie prend aussi en charge les séquelles temporaires.* »

Plusieurs internautes ont crues que le compte de la Banque française avait été piraté tellement le message était de mauvais goût alors que ce n'était pas le cas.

Moins de deux heures après sa publication, la Caisse d'Épargne fut contrainte de retirer le message de sa page Facebook tant il suscitait les critiques des Internautes.

L'entreprise reconnu par la suite qu'elle s'était « *plantée* » dans le quotidien français *Le Parisien* : « *Notre compte n'a pas été piraté. Nous ne voulions pas heurter nos clients, seulement être drôles* »[34].

Afin d'éviter de vivre une pareil situation, prenez quelques instants pour réfléchir avant de publier un commentaire, une photo ou une vidéo. Demandez-vous si ce que vous publié pourrait être mal interprété par les Internautes.

Si la réponse est oui et bien tentez de revoir votre stratégie, car comme nous l'avons vu précédemment, la controverse peut rapidement devenir votre pire ennemi.

f) Privilégiez la qualité plutôt que la quantité

La taille de votre communauté ne représente pas nécessairement un gage de succès. Je vois régulièrement des entreprises dont la communauté compte plusieurs dizaines de milliers de personnes et qui n'ont pourtant aucune influence.

L'important, c'est d'être suivi par des gens qui seront engagés envers votre entreprise et qui représentent votre public cible. Des gens qui interagiront, qui partageront votre contenu et qui feront la promotion de vos produits ou services.

La chaîne de restauration rapide Burger King a bien compris cette notion. En 2013, elle fit passer un test de fidélité à ses fans Facebook Norvégiens par le biais d'une application baptisée « *Whopper Sellout* ».

Cette dernière offrait deux possibilités aux fans : Confirmez qu'ils étaient de véritables adeptes de la marque ou exprimer leur préférence pour McDonald's, concurrent numéro un de l'entreprise.

Dans ce dernier cas, les personnes étaient automatiquement bannies de la page Facebook de Burger King et recevaient gratuitement un Big Mac comme compassassion.

En moins d'une semaine, le nombre de fans de la page Facebook de Burger King Norvège passa de 38 000 à 8 000. Par contre, le taux d'engagement est aujourd'hui cinq fois supérieur à ce qu'il était auparavant*.

SEPT CONSEILS ADDITIONNELS :

1. Développez une politique concernant l'utilisation des réseaux sociaux à l'intérieur de votre entreprise afin de distinguer l'usage personnel de l'usage professionnel. Je vous invite également à sensibiliser vos employés afin d'éviter qu'ils se retrouvent dans l'embarras et compromettent la crédibilité de l'entreprise suite à la diffusion d'une photo ou d'un commentaire personnel. Vous pouvez par exemple leur présenter des cas typiques,

comme celui de Justine Sacco. Alors qu'elle se rendait en vacances en Afrique du Sud en décembre 2013, Justine Sacco, qui travaillait alors pour une agence de relations publiques, a rédigé le commentaire suivant sur le réseau social Twitter : « *Going to Africa. Hope I don't get AIDS. Just kidding. I'm white!* » (*Je pars pour l'Afrique. J'espère que je ne vais pas attraper le sida. Je plaisante. Je suis blanche!*). En l'espace de quelques heures, ce commentaire a enflammé les réseaux sociaux au point de détruire sa réputation. L'entreprise qui l'embauchait a du émettre un communiqué afin de spécifier qu'elle n'endossait aucunement ses propos et qu'elle avait procédé à son licenciement;

2. Choisissez des réseaux sociaux qui répondent à vos besoins et qui vous permettent de rejoindre votre clientèle cible. Par exemple, les entreprises qui œuvrent dans l'industrie touristique, particulièrement les restaurateurs et les hôteliers, auraient avantage à porter une attention particulière au site de partage de commentaires TripAdvisor. Une étude effectuée par la firme PhoCusWright a mis en lumière que 77 % des utilisateurs du site se réfèrent souvent ou toujours aux commentaires avant de choisir un hôtel alors que 50 % se réfèrent souvent ou toujours aux commentaires avant de choisir un restaurant;[35]

3. Positionnez bien en vue votre logo ainsi que l'adresse de votre site Web sur vos réseaux sociaux. À l'inverse, indiquez clairement dans vos outils promotionnels votre présence sur les réseaux sociaux;

4. Évitez de synchroniser les réseaux sociaux tels Twitter et Facebook. Cherchez plutôt à publier du contenu adapté à

chacune des plateformes. Par exemple, les gens consultent principalement Facebook pour se détendre et par conséquent, les concours et les quiz sont particulièrement efficaces. Quant aux utilisateurs de Twitter, ils cherchent principalement à s'informer. Il s'agit donc d'un réseau intéressant pour promouvoir ses articles de blogues ou pour annoncer de nouvelles tendances;

5. L'humoriste québécois Yvon Deschamps a dit : *On veut pas le savoir! on veut le voir!* Ceci est particulièrement vrai sur les réseaux sociaux. Utilisez donc des images et des vidéos le plus souvent possible;

6. Plusieurs réseaux sociaux, comme Facebook, ont considérablement réduit la portée organique des publications sur les pages entreprises. Il est donc devenu pratiquement illusoire de penser rejoindre efficacement sa communauté gratuitement. N'hésitez donc pas à investir quelques dollars afin de promouvoir vos meilleures publications.

7. Comme nous l'avons vu précédemment, une controverse peut survenir rapidement sur les réseaux sociaux. Développez et mettre en place une politique de gestion de crise vous permettra de réagir rapidement et efficacement dans une telle situation.

L'emplacement

Plusieurs entreprises ont vu leur chiffres d'affaires stagner ou diminuer ou pire, ont carrément disparus à cause d'une mauvaise décision en matière d'emplacement. Par exemple, un commerce de proximité qui se trouve à l'écart d'une zone d'achalandage risque d'être ignoré, et ce, même s'il réalise une excellente publicité.

C'est la situation avec laquelle fut confronté Marija Simovic en 2010, alors qu'elle était nouvellement en poste à tire de directrice générale de la chaine d'alimentation rapide Harry Ramsden's.

Cette dernière participa à la téléréalité *Undercover Boss*, dans laquelle des dirigeants d'entreprises prennent la décision de travailler incognito au sein de leurs sociétés en occupant différentes fonctions.

Elle occupa notamment le poste de serveuse dans un établissement situé dans un centre commercial qui avait vu ses ventes diminuer au cours des derniers mois.

La gérante de l'emplacement lui expliqua qu'une nouvelle ère de restauration avait vu le jour six mois auparavant et que quatorze petits restaurants se partageaient dorénavant l'espace.

Malheureusement pour elle, les anciens propriétaires d'Harry Ramsden's avaient refusé de déménager le restaurant dans cette nouvelle zone. L'établissement s'est donc retrouvé à l'écart et ses ventes ont chuté de 50 %.

Un autre facteur à considérer est la visibilité qu'offre un emplacement. Si l'entreprise est invisible aux yeux des clients et bien elle risque d'être ignorée, comme dans le cas des Rôtisseries St-Hubert à ses débuts.

En 1952, Hélène Léger, cofondatrice de la chaîne de restaurants, se repose à la maison lorsqu'elle reçoit un appel téléphonique de son mari. Elle doit rapidement se rendre à leur seule et unique succursale de l'époque afin de mettre l'épaule à la roue.

Comme son mari René a pris la voiture, elle appelle un taxi et demande au chauffeur de la conduire chez St-Hubert Bar-B-Q. À sa grande surprise, le chauffeur l'a conduit chez un restaurateur voisin qui annonce des poulets à la broche.

> *« Des incidents inexpliqués lui reviennent en mémoire : à plusieurs reprises, des gens ont raconté aux Léger êtres allés à leur rôtisserie sans les avoir aperçus. En fait, les clients et chauffeurs de taxi confondent les deux restaurants étant donné que St-Hubert Bar-B-Q n'a pour enseigne qu'un modeste néon dans la vitrine. C'est à ce moment que les Léger comprennent que leur rôtisserie manque de notoriété, qu'elle est dépourvue d'image propre, sans véritable personnalité et qu'elle se fond dans la masse des autres restaurants. »*[36]

Avant d'arrêter votre choix sur un emplacement, dressez une liste de vos besoins. Catégorisez-les ensuite en fonction de leur pertinence (inutiles, souhaitables ou essentiels). Vous serez ainsi en mesure de prendre une décision réfléchie.

Jeff Bezos, le fondateur de la firme Amazon, utilisa une approche semblable avant de sélectionner la ville de Seattle, comme l'explique Richard L. Brand dans son livre *Amazon : Les secrets de la réussite de Jeff Bezos.*

> *« Alors que la plupart des créateurs d'entreprises venaient s'installer à Silicon Valley, qui semblait le lieu par excellence où implanter une société, Jeff choisit une option différente : il créa un logigramme pour l'aider à prendre sa décision.*
>
> *Il sélectionna trois critères : l'endroit élu devait avoir une population établie de créateurs d'entreprises et de programmeurs de logiciels. Il voulait ensuite implanter la*

société dans un État peu peuplé, sachant que ses habitants seraient les seuls à devoir payer des taxes sur les produits qu'il allait vendre. Il voulait enfin une ville proche d'un entrepôt appartenant à l'un des grands distributeurs de livres, afin de pouvoir recevoir rapidement ses commandes. Mais cette ville devait aussi être un nœud aérien avec un aéroport offrant de nombreux vols quotidiens, pour que les livres puissent arriver rapidement chez ses clients. » [37]

Il y a l'emplacement d'une entreprise, mais également celui d'un produit en magasin. Plus le consommateur cherche, plus il a de chance de faire l'achat d'un produit concurrent ou de quitter les lieux les mains vides, croyant à tort que le produit est en rupture de stocks.

Voilà pourquoi plusieurs entreprises investissent d'importantes sommes d'argent afin d'obtenir le meilleur positionnement sur les tablettes. Ces dernières évaluent plusieurs critères, comme la hauteur du produit.

Idéalement, un produit devrait se situer à une hauteur variant entre les hanches et les yeux afin d'être facilement accessible et de se retrouver dans le champ de vision des consommateurs. Par exemple, les céréales qui ciblent les enfants se retrouvent à une hauteur moyenne de 23 pouces versus 48 pouces pour celles ciblant les adultes.

SEPT CONSEILS ADDITIONNELS :

1. Outre le prix du loyer, considérez les éléments suivants avant d'arrêter votre choix sur un emplacement : la visibilité, la configuration des lieux, le stationnement, l'accès pour vos clients et fournisseurs, l'accès au transport en commun, l'environnement commercial immédiat,

l'achalandage; le type d'affichage autorisé, les caractéristiques démographiques et la concurrence;

2. Contactez votre municipalité afin de vérifier si le type d'activités de votre entreprise est autorisé au zonage. Vous éviterez ainsi d'aller à l'encontre de la règlementation municipale. Profitez de l'occasion pour en apprendre davantage sur l'évolution du quartier au cours des prochaines années;

3. Visitez plusieurs endroits avant d'arrêter votre choix afin d'éviter de signer un bail commercial ou de faire une offre d'achat à l'aveugle. Dans le cas d'un produit en magasin, prenez quelques heures pour analyser le comportement des gens (quel est le sens du trafic, qu'elles sont les zones les plus passante, etc.);

4. Renseignez-vous sur l'historique de l'emplacement convoité et cherchez à connaître les raisons qui poussent le locataire actuel ou précédent à quitter l'endroit;

5. Assurez-vous de bien lire les clauses du contrat avant de signer un bail commercial. Vérifier le prix et la durée, mais également l'augmentation annuelle, la possibilité éventuelle d'occuper plus d'espace, la possibilité de renouveler ou de quitter avant la fin du bail, la prise en charge des coûts des travaux à réaliser et d'entretien, etc.;

6. Faites part de vos besoins à votre entourage (famille, amis, collègues de travail, etc.) et informez-vous auprès des réseaux d'affaires. Vous pouvez également consulter les associations de quartier qui regroupent les commerçants des différents secteurs de la ville afin de connaître les occasions d'affaires qui s'offrent à vous;

7. En cas de doute, n'hésitez pas à retenir les services d'une société d'experts-conseils.

L'environnement physique

Un autre facteur qui peut venir freiner le processus de décision enclenché par la publicité est l'environnement que propose une entreprise. Les gens doivent se sentir en confiance et éprouver une sensation de bien-être sous peine de quitter les lieux et de ne jamais revenir.

Prenons l'exemple des pharmacies. Plusieurs établissements offrent maintenant des aires d'attentes qui permettent de se détendre. On y retrouve des téléviseurs, des livres de lecture, des conseils pratiques, des aquariums, etc. Plusieurs ont également revu la configuration des lieux afin d'offrir un coin beauté ou dédié à l'électronique.

Toutes ces initiatives ont pour but de créer un environnement agréable, car un client heureux risque de concrétiser son achat, de dépenser davantage d'argent sur place, de revenir ultérieurement et de partager son expérience positive avec son entourage.

Plusieurs entreprises ont compris l'importance de créer un environnement agréable et n'hésitent pas à mettre en place différentes initiatives.

IKEA offre par exemple des salles de jeux accueillant les enfants à l'entrée des magasins tout comme le fait McDonald's dans plusieurs restaurants. La boutique de jouets Benjo située à Québec a quant à elle installé une porte d'entrée spécifiquement pour les enfants, comme le démontre la photo suivante.

Costco offre une aire de restauration alors que plusieurs concessionnaires automobiles offrent, à leurs clients, la possibilité de s'entraîner dans un gymnase, de relaxer dans un fauteuil vibro-massant ou de se faire couper les cheveux pendant l'entretien de leur véhicule

Même les banques ont compris l'importance de l'environnement. Par exemple, le Groupe Banque TD a ouvert un nouveau Centre bancaire commercial en 2013, qui offre un espace café pour les clients, avec breuvages chauds, banquettes type restaurant et connexion internet[38].

Évidemment, ce ne sont pas toutes les entreprises qui peuvent se permettre de tels investissements. Par contre, la plupart des entreprises peuvent offrir un environnement agréable à leurs clients en stimulant positivement leurs sens.

En 2010, le gouvernement du Québec publia une brochure intitulée *Le marketing sensoriel* dans laquelle on retrouve les statistiques suivantes qui proviennent d'un sondage réalisé par la firme *Léger Marketing* en 2008 :

- *64 % des Canadiens disent rester plus longtemps dans un magasin ou un lieu public dont l'odeur, la musique et l'ambiance générale leur plaisent.*

- *44 % des Canadiens ressentent un confort dans un magasin ou un lieu public lorsqu'il y a présence de musique, de senteurs ou de stimuli visuels.*

a) La musique

Plusieurs études ont démontré que la musique pouvait influencer nos comportements. Par exemple, les recherches de Ronald E. Milliman ont permis de découvrir que, lorsqu'une musique à *tempo* lent est diffusée dans un magasin, les clients déambulent moins vite et les ventes augmentent de 38,2% en moyenne par rapport à une situation de *tempo* rapide.[39]

La Société canadienne des auteurs, compositeurs et éditeurs de musique (SOCAN), en collaboration avec Léger Recherche Stratégie Conseil a, quant à elle, mené un sondage en 2014 afin d'en apprendre davantage sur l'impact de la musique de Noël.[40]

Plus du tiers (38 %) des répondants ont affirmé que le fait d'entendre de la musique des fêtes en magasin ou à la radio leur rappelle qu'il est temps de commencer leurs achats de cadeaux.

Autres faits intéressants, 36 % des répondants ont affirmé avoir quitté un magasin plus vite que prévu à cause de la musique qu'on y entendait alors que 28 % sont restés plus longtemps que prévu à cause de la musique.

La musique peut également modifier la perception des gens par rapport au temps. Une enquête[41] menée en France en 2013 à l'initiative de la Sacem, en partenariat avec la Spré et Mood Média, a permis de déterminer que la musique réduisait de 10 % l'impression d'attente aux caisses et du temps passé en magasin.

La musique doit cependant être en lien avec le produit et le profil de la clientèle. Il serait suicidaire de diffuser de la musique classique dans un magasin de vêtements pour adolescents. D'ailleurs, certains commerces diffusent ce type de musique afin d'éloigner les jeunes flâneurs.

b) Les odeurs

Les odeurs agissent directement sur notre cerveau et seraient capables de modifier nos comportements. Il n'est donc pas surprenant de constater que de plus en plus d'entreprises tentent d'influencer les consommateurs en diffusant différents parfums dans l'air.

Certaines salles de cinéma vont, par exemple, placer des diffuseurs d'odeurs artificielles de maïs à éclater afin d'accroître la consommation des spectateurs. De la même manière, dans certains casinos, on diffuse une agréable odeur près des machines à sous pour inciter les joueurs à dépenser davantage.

Une équipe de chercheurs belges a mené une expérience durant dix jours dans une librairie. Pendant la moitié de la journée, ils ont diffusé un parfum de chocolat dans l'air ambiant et observé le comportement des consommateurs.

Lorsque l'odeur était présente, les consommateurs avaient tendance à prendre leur temps, à consulter une variété de titres et à discuter avec un employé. Durant la période où la librairie a senti le chocolat, les ventes de livres de cuisine et de romans d'amour ont augmenté de 40 %, et celles des livres d'histoire et des polars, de 22 %.[42]

Cette expérience n'est pas sans rappeler l'histoire de Starbuck. En 2006, les performances de l'entreprise commencèrent à décroître si bien que l'action chuta de 42 % en 2007. Howard Schultz, alors ex-président-directeur général, constata une détérioration de l'expérience client. Voici d'ailleurs un extrait d'un courriel qu'il fit parvenir à l'équipe dirigeante de Starbucks.

> *Quand nous sommes passés aux machines à expresso automatiques, nous avons résolu un problème majeur en termes de rapidité et d'efficacité. Mais en même temps, nous ne nous sommes pas rendus compte que nous retirions beaucoup du romantisme et de la théâtralité...*
>
> *Nous avons réussi à conserver une qualité de café fraichement torréfié dans des sacs, mais à quel prix? La disparition de l'odeur, probablement l'élément non verbal le plus important de nos salons de café. L'absence du geste de nos baristas pêchant du café frais dans les bacs et le mettant à moudre devant le client, vide nos salons de café de leur tradition et de notre héritage.*
>
> *Certes, il nous a fallu rationaliser la conception des boutiques pour pouvoir faire des économies d'échelle, [mais] cela s'est fait au détriment du supplément d'âme que nous avions auparavant.[43]*

Howard Schultz reprit finalement les rênes de l'entreprise et mit en place une série de mesures afin d'améliorer l'expérience client. L'une d'elles fut évidemment de recommencer à moudre le café sur place afin de ramener l'odeur dans l'ensemble des succursales.

Et pour cause, car la simple odeur de café aurait des vertus bénéfiques selon une équipe de chercheurs de l'Université de Séoul. Ces derniers ont effectué des tests sur des rats en laboratoire et ont remarqué que l'arôme du café avait un effet antistress chez des rongeurs qui avaient été privés de sommeil.

c) Les stimuli visuels

On estime que 80 % de l'information que nous absorbons passe par nos yeux. Les entreprises ont donc intérêt à offrir un environnement visuel attrayant. Un élément à considérer est sans contredit l'éclairage.

La lumière peut, en effet, jouer un rôle important au niveau de la perception des gens. Par exemple, un éclairage aux néons peut donner une impression de bas de gamme alors que plusieurs points d'éclairage vont donner une image de prestige.

La couleur est également à considérer puisqu'elle serait capable de modifier nos émotions et d'influencer nos états d'âme. Utilisé en trop grande quantité, le jaune peut, par exemple, créer de l'anxiété. Le bleu peut, quant à lui, avoir un effet négatif sur l'appétit alors que le rouge peut augmenter la pression sanguine et les battements du cœur.[44]

Il est cependant important de mentionner que les hommes et les femmes n'apprécient pas nécessairement les mêmes couleurs. Par exemple, les hommes détestent généralement le mauve alors que la plupart des femmes l'apprécient. Sachez également que les hommes préfèrent généralement les couleurs vives alors que les femmes préfèrent les couleurs douces.

La perception des gens peut également varier selon les cultures. Par exemple, le blanc est associé à la pureté et au mariage en occident alors qu'il est associé au deuil dans certains pays comme la Chine.

La propreté des lieux est un autre aspect à considérer. En 2013, on m'offrit gracieusement une suite dans un hôtel dans le cadre d'un congrès. J'étais très emballé jusqu'à ce que j'arrive devant la porte de ma chambre. Le tapis était taché à plusieurs endroits et de la vaisselle jonchait le sol.

Je n'étais même pas entré que je remettais en doute la propreté de ma chambre. Je me disais que si les préposés avaient omis de nettoyer un aspect aussi apparent et bien ils avaient sûrement dû tourner les coins ronds à l'intérieur. Avaient-ils désinfecté la toilette ? Avaient-ils changé mes draps ?

L'ex-PDG de coke, Robert Woodruff, n'aurait probablement jamais toléré une telle situation. La propreté était pour lui une valeur fondamentale, comme le démontre l'anecdote suivante datant des années 1920.

« *Le patron visite une usine et découvre, dans un coin, du sirop renversé autour duquel tournent les insectes. Il en fait la remarque à l'embouteilleur qui jure alors qu'il va, « dès demain », procéder à l'évacuation des déchets. Woodruff met alors son cigare à la bouche, regarde l'industriel dans les yeux et lui dit calmement : « Quand vous êtes sale, vous vous nettoyez tout de suite, n'est-ce pas? » Le message était clair.* »[45]

SEPT CONSEILS ADDITIONNELS :

1. En entrevue[46] à l'émission d'affaires publiques J.E., Harold Leavey, spécialiste en gestion parasitaire, établissait un lien direct entre la propreté des salles de bain et la propreté d'une cuisine en restaurant. Selon lui, la grande majorité des établissements dont les toilettes sont négligées ont des problèmes de salubrité en cuisine. Portez donc une attention particulière aux salles de bain de votre établissement, et ce, peu importe votre secteur d'activité, car bon nombre de personnes jugent une entreprise par la propreté de ses toilettes;

2. Entretenez l'extérieur de votre commerce; ramassez les déchets, coupez le gazon, passez le balai, nettoyez les vitres, changez les ampoules électriques défectueuses, déblayez la façade et le stationnement lors de tempête de neige et videz les poubelles et les cendriers fréquemment;

3. La température ambiante est un élément à considérer. Vos clients doivent se sentir confortables, tout comme vos employés. Des chercheurs ont d'ailleurs analysé l'impact de la température ambiante sur la performance des employés et en sont venus à la conclusion que la température idéale était de 21,75ºC[47];

4. Positionnez des distributrices de désinfectant à l'entrée de votre commerce démontre aux clients que vous êtes soucieux de la propreté;

5. N'hésitez pas à retenir les services d'un designer d'intérieur pour vous conseiller sur le choix des couleurs et sur le type d'éclairage adapté à votre commerce;

6. Offrir le Wi-Fi gratuit à vos clients peut-être bénéfiques. Kasey Lobaugh, un spécialiste de la consommation chez Deloitte, explique dans une entrevue accordée au magazine Fortune que les personnes qui utilisent leurs téléphone intelligent dans un magasin sont 14 % plus susceptibles de faire un achat auprès de ce détaillant[48];

7. Réservez un budget annuel pour des travaux d'entretien et de rénovation. D'autant plus que ces dépenses pourraient rapporter gros, comme en témoigne l'anecdote suivante. Au début des années 1970, Loblaws luttait pour sa survie. Après une restructuration, la direction prit la décision de rénover le magasin des avenues Bayview et Moore, à Toronto; la façade a été repeinte, le stationnement a été repavé, un éclairage moderne a été installé, les vieux présentoirs ont été enlevés, les surfaces fissurées ont été réparées, etc. En l'espace d'un mois, les ventes ont augmenté de 60 %, puis de 100 %. Les ventes des autres magasins rénovés par la suite ont doublé et, dans certains cas, triplé.[49]

Les stocks

Vous êtes-vous déjà présenté dans un commerce pour faire l'achat d'un produit alors que ce dernier était en rupture de stock ? La réponse est probablement oui, car la plupart des gens sont confrontés à ce genre de situation, et ce, sur une base régulière.

Une étude[50] publiée en 1996 pour le compte du Coca-Cola Retailing Research Council a démontré qu'en moyenne, 8,2 % des items étaient en rupture de stock dans les supermarchés américains entre 14 h et 17 h.

Toujours selon la même étude, les ruptures de stock seraient responsables d'une baisse de 3,1% de la facture du consommateur puisque 34 % des gens n'achèteraient pas de produit alternatif sur place.

Pour un supermarché ayant des ventes hebdomadaires de 500 000 $, c'est l'équivalent de plus de 15 000 $ par semaine en perte, soit plus de 800 000 $ annuellement.

Et lorsqu'une publicité annonce un produit, la mauvaise gestion des stocks ferait perdre plus de 15 % des ventes potentielles aux détaillants.

Outre les pertes monétaires à court terme, une rupture de stock risque d'engendrer du mécontentement de la part des clients qui se sentiront lésés. Ces derniers risquent de devenir des détracteurs et de se tourner vers un produit concurrent ou de visiter un autre commerce.

Conséquemment, ils risquent de ne plus revenir s'ils trouvent satisfaction auprès de la concurrence, ce qui se traduira inévitablement par des pertes monétaires à long terme.

D'où l'importance de mettre en place une stratégie qui permet de répondre à la demande, particulièrement avant le lancement d'une offensive publicitaire qui risque de créer des attentes auprès des consommateurs.

SEPT CONSEILS ADDITIONNELS :

1. Bien qu'elles ne vendent pas nécessairement de marchandise, les entreprises de services doivent également se soucier de la gestion des stocks, c'est-à-dire qu'elles

doivent être en mesure de répondre à la demande dans un délai raisonnable. Par exemple, si j'appelle un salon de coiffure pour prendre un rendez-vous et qu'on m'informe que c'est complet pour les deux prochaines semaines, je risque de communiquer avec une entreprise concurrente. Si cette dernière me donne satisfaction et bien je risque de revenir ultérieurement, au détriment du commerce avec qui j'avais communiqué initialement;

2. Les commerçants devraient offrir systématiquement un produit de remplacement ou un bon d'achat différé en cas de rupture de stock afin de satisfaire le client. Au Québec, l'Office de la protection du consommateur précise qu'un commerçant qui annonce un produit dans une publicité a l'obligation de faire en sorte que le consommateur pourra profiter de cette offre. Si les stocks sont restreints, le commerçant doit préciser clairement la quantité disponible dans sa publicité, et non pas seulement « *quantité limitée* » ou « *jusqu'à épuisement des stocks* ». Si ce n'est pas inscrit, le commerçant doit remettre un bon d'achat différé au client ou lui offrir un article de même nature à prix égal ou supérieur;

3. placer un étalage sur le plancher permet d'augmenter l'inventaire et diminue les risques de ruptures de stock. Plusieurs entreprises utilisent cette technique particulière en prévision d'une offensive publicitaire, d'un lancement de produits ou en période de pointe ou la demande est très forte (Noël, Jour de l'An, vacances d'été, rentrée scolaire, etc.). L'étalage offre également une visibilité supplémentaire aux produits, ce qui aura inévitablement des répercussions positives sur les ventes. En effet, un étalage commercialisé selon les standards peut augmenter les ventes de près de 300 %.

4. Cherchez à créer une relation avec les décideurs, comme les gérants ou les directeurs de succursales. Ces derniers seront ainsi plus enclins à vous accorder certaines faveurs comme un meilleur positionnement;

5. Assurez-vous de compter sur un stock de sécurité afin de faire face à une demande accrue;

6. Assurez-vous que vos fournisseurs seront en mesure de vous réapprovisionner rapidement;

7. Sensibilisez vos employés aux conséquences d'une rupture de stock et récompensez-les lorsque les objectifs sont atteints.

L'emballage

L'emballage peut grandement influencer le comportement des gens, puisqu'il représente généralement le premier élément que l'on perçoit d'un produit. Il peut faire toute la différence entre un échec et un succès commercial, comme ce fût le cas pour les Aliments Altima.

En 2012, l'entreprise lança une nouvelle marque de yogourts nommée iögo. L'engouement envers cette nouvelle gamme de produits dépassa toutes les attentes, si bien qu'après seulement dix semaines sur les tablettes, les parts de marché de iögo atteignaient 12,3 %.[51]

Ce succès est évidemment attribuable à la qualité des produits, mais surtout, à la stratégie marketing déployée. Aliments Altima a compris, dès le début, que le goût des yogourts fidéliserait le consommateur, mais que ce serait la stratégie marketing, particulièrement la qualité de l'emballage, qui inciterait les gens à faire l'achat des produits en magasin.

Épurés et mettant en scène des fruits, les emballages des produits iögo sont faciles à identifier sur les tablettes. Ils se distinguent notamment par leur bande de couleurs spécifiques à chaque ligne de produits pour adultes, des designs ludiques pour les enfants ainsi que par les différents formats attrayants et pratiques.

Ajoutons à cela un nom phonétiquement associable au produit et un logo qui se distingue par un tréma sur le « o » et on obtient un emballage qui se démarque de la concurrence.

Aliments Ultima a d'ailleurs remporté trois prix Gaïa[iv] en 2012, dont deux pour la qualité des emballages de sa marque iögo : Le Prix du meilleur emballage pour un produit frais pour iögo Greko ainsi que Le Prix pour la gamme d'emballage iögo.

Apple est un autre exemple d'entreprise qui a toujours accordé une grande importance à l'emballage de ses produits. Son fondateur ne tolérait aucun compromis, comme en témoigne cette anecdote tirée du bestseller de Walter Isaacson.

[iv] Les prix Gaïa récompensent annuellement la crème des entreprises du secteur agroalimentaire pour leur design graphique et leur conditionnement d'emballage dans la mise en marché de leurs produits.

Jobs choisit donc un emballage de couleur et tenta de le rendre le plus attractif possible. « Il le fit refaire cinquante fois, raconte Alain Rossmann, un membre de l'Équipe Mac [...] La boîte était destinée à finir à la poubelle, mais Steve tenait à ce qu'elle soit belle. » Pour Rossmann, c'était exagéré ; une fortune était dépensée dans l'emballage, alors que les développeurs s'échinaient à faire des économies sur les puces. Mais du point de vue de Jobs, chaque détail était essentiel. Le Macintosh devait être extraordinaire, tant par ses fonctionnalités que par son aspect.[52]

Howard Schultz, le PDG de Starbuck, a lui aussi compris que l'emballage pouvait compromettre le succès d'un produit. En 2009, il refusa d'approuver le packaging d'un nouveau café instantané nommé VIA jugeant qu'il manquait quelque chose. Il déclara alors que ce n'était pas l'emballage qui ferait le succès du VIA, mais un mauvais design pouvait le tuer.[53]

Plusieurs éléments doivent être pris en considération pour développer un emballage efficace. Dans son livre *Packaging mode d'emploi : De la conception à la distribution*, Philippe Devismes mentionne qu'à 10 mètres, le consommateur attache de l'importance à la couleur du produit, à 4 mètres, se sera à la forme, à 1 mètre c'est à la marque d'être vue et enfin, lorsque le produit est pris en main, il a 80 % de chance d'être acheté.

Le nom, le logo, la typographie, les images ainsi que la couleur de l'emballage doivent être choisis minutieusement. Sur son site Web, l'agence de design et de publicité David et Goliath fait référence à un cas réel fort intéressant.

Matfer, une multinationale spécialisée dans la fabrication d'ustensiles de cuisine destinés aux restaurants, a fait appel à leurs services après avoir créé des emballages spéciaux qui ne répondaient pas aux attentes.

L'équipe de David et Goliath a donc analysé la situation et en est venue aux conclusions suivantes :

- Une présentation haut de gamme pour un produit aussi courant qu'une cuillère ou une spatule donne l'impression au consommateur qu'il paie trop cher inutilement;

- Le principal attrait pour le consommateur est que ces ustensiles résistent aux flammes à des températures de 800°F tout en restant froids au toucher;

- Dans un magasin présentant des emballages essentiellement blancs, une touche de couleur attire tout de suite l'attention.

L'agence a donc développé un nouvel emballage en prenant soin de considérer ces éléments. Elle a notamment utilisé des couleurs vives, positionné des flammes et utilisé des illustrations perçues comme étant typiquement françaises; la France jouissant d'une réputation enviable en matière de gastronomie.

S'appuyant sur son historique des ventes, Matfer a commandé suffisamment d'emballages pour soutenir ses livraisons pendant deux années. En peu de temps, l'entreprise dû commander cinq fois plus d'emballages et renouveler la commande tous les trois mois. Les ventes d'ustensiles se sont multipliées par 50.

Un autre exemple fort éloquent concerne la boisson gazeuse Orange Crush. Dans un article de blogue intitulé *Comment concevoir un emballage qui vend*, le professeur, auteur et conférencier Luc Dupont, raconte qu'il y a plusieurs années, la marque était vendue dans une petite bouteille brun foncé.

« *Après qu'on eut redessiné la bouteille – la concevant plus grande, transparente et d'aspect moderne, laissant voir la couleur orange du produit, au lieu de la dissimuler comme un médicament – les ventes triplèrent en un mois.* »[54]

La grande majorité des gens jugent un livre à sa couverture, et ce, même s'ils jurent le contraire. Portez donc une attention particulière à tous les aspects de l'emballage de vos produits et considérerez-le comme un outil promotionnel à part entière.

SEPT CONSEILS ADDITIONNELS :

1. L'emballage doit être adapté à la clientèle cible. À titre d'exemple, une étude de Neilsen[55] menée dans 60 pays auprès de 30 000 personnes, a permis de découvrir que la plupart des emballages de produits n'étaient pas adaptés aux personnes âgées. La moitié des gens interrogés ont mentionné qu'il était difficile de trouver des étiquettes faciles à lire alors que 43 % ont mentionné avoir du mal à trouver des emballages faciles à ouvrir. Une étude[56] menée en Allemagne auprès de 2 031 personnes âgées de 18 ans et plus a, quant à elle, permis de constater que 63 % des gens lisent toujours l'emballage avant d'acheter quelque chose pour la première fois. D'où l'importance de porter une attention particulière au message véhiculé;

2. En 2014, une erreur de frappe s'est glissée sur l'étiquette d'un paquet de légumes distribué par l'entreprise Migros Vaud. On pouvait lire « *Crottes cuites* » alors qu'on aurait dû lire « *Carottes cuites* ». Soyez donc vigilant au niveau de

l'orthographe et de la traduction de vos emballages afin d'éviter de telles situations;

3. La couleur de l'emballage peut grandement influencer les gens. Dans son livre *L'Étonnant pouvoir des couleurs*, Jean-Gabriel Causse mentionne que 92 % des personnes estiment que les couleurs jouent un rôle essentiel dans leurs décisions d'achat. De plus, 84 % estiment que la couleur arrive en tête dans leurs critères d'achat! Il ajoute que ce chiffre éloquent est à comparer au maigre 6 % des personnes interrogées qui considèrent que le toucher a de l'importance et que l'ouïe et l'odorat réunissent péniblement 1 %, sauf bien sûr s'il s'agit de produits musicaux ou du parfum.[57] La forme est également très importante. Par exemple, une étude réalisée en Chine, a révélé que 36 % des grands distributeurs locaux de vins considéraient la forme de la bouteille comme critère d'importation;[58]

4. L'emballage doit faciliter le stockage du produit afin d'assurer un bon positionnement en magasin. Les Brasseries Labatt du Canada ont par exemple commercialisé un emballage de canettes de marque Kokanee au début des années 2 000 qui avait une forme triangulaire. Ce format original n'était pas adapté à l'espace tablette des commerçants ce qui fait en sorte qu'il était pratiquement impossible d'assurer un bon positionnement à ce produit en magasin, particulièrement dans les espaces réfrigérés;

5. Lorsque des images ou des photos représentant des personnages sont utilisées et bien il peut être intéressant d'orienter le regard de ces derniers vers le consommateur. À cet effet, des chercheurs ont présenté à deux groupes

d'individus un emballage de céréale. Dans le premier groupe, le personnage sur la boîte fixait les gens dans les yeux alors que dans le deuxième groupe, le personnage fixait le sol. Le sentiment de confiance envers la marque était 16 % plus élevé dans le groupe qui établissait un contact visuel;[59]

6. En 2014, Nielsen a dévoilé les résultats d'une enquête[60] menée auprès de 20 marques de biens de grande consommation dans 9 pays. Les marques ayant apposé des messages de respect de l'environnement sur leur emballage ont connu une augmentation annuelle moyenne de leur vente de 2 % versus 1 % pour celles qui n'ont revendiqué aucun engagement. N'hésitez donc pas à mentionner que votre entreprise respecte l'environnement ou qu'elle est engagée socialement si tel est le cas;

7. Assurez-vous de la clarté de la signalétique afin d'éviter que l'on confonde votre produit. En 2014, une trentaine de cyclistes ont été intoxiqués lors d'une course en Norvège. Ces derniers ont ingéré un échantillon de détergent à lessive croyant à tort qu'il s'agissait d'une boisson énergétique.

Le service à la clientèle

La qualité du service à la clientèle peut grandement influencer le comportement des consommateurs, comme en témoignent les deux anecdotes suivantes.

Il y a quelques années, un nouveau restaurant fit son apparition dans mon quartier. Pour souligner son ouverture, le propriétaire prit soin de développer une campagne publicitaire à la télévision.

Bien ciblée et bien conçue, cette publicité attira mon attention. L'environnement semblait agréable et le menu alléchant, si bien que je pris la décision d'y amener toute ma famille.

L'endroit était effectivement charmant et tout se déroulait pour le mieux, jusqu'à ce que l'on prenne notre commande. Je dois admettre que je déteste les légumes cuits et par conséquent, j'ai poliment demandé à l'employé s'il serait possible de substituer les légumes par une salade.

À mon grand étonnement, cette dernière me répondit, sur un ton arrogant, que seules les pommes de terre pouvaient être substituées. Je lui ai expliqué que j'étais prêt à débourser un supplément sans plus de succès : « *C'est contre la politique de la maison et si vous n'êtes pas content vous êtes libre de quitter les lieux* » me dit-elle. Et c'est exactement ce qui arriva.

J'ai vécu une expérience complètement différente lors d'un voyage en République Dominicaine. Ma conjointe et moi séjournions dans un établissement appartenant à la chaîne d'hôtels Iberostar en compagnie d'un couple d'ami(e)s.

Lors d'un souper dans un restaurant à la carte du complexe, nous constatons que les deux choix d'entrées contiennent des fruits de mer alors qu'un des nôtres en est allergique.

Nous informons donc le serveur de la situation et ce dernier nous répond poliment qu'il va vérifier auprès du chef afin de trouver une alternative. Quelques instants plus tard, ce dernier apporta, sourire aux lèvres, une assiette de crudités préparées expressément pour notre ami.

Nous avons été témoins de gestes similaires tout au long de notre séjour. Charmés par la beauté du site, mais surtout par la qualité du service à la clientèle, nous avons pris la décision de revenir dans un hôtel Iberostar l'année suivante.

Au moment d'écrire ces lignes, nous avons visité six établissements de cette chaîne et chaque fois, nous sommes revenus comblés.

En 2007, la Banque TD publia les résultats[61] d'un sondage qu'elle avait mené auprès de 1 000 personnes de 18 ans et plus à travers le Canada. A la question « *Quelle est la meilleure manière, pour les entreprises, d'exprimer leur appréciation des affaires que vous leur confiez ?* », 74 % des gens ont répondu : « *Offrir simplement un bon service* ».

Ce sondage a également confirmé les principes bien établis du service à la clientèle, puisque 84 % des répondants ont mentionné qu'une seule expérience pouvait favoriser ou détruire la relation avec une marque ou une entreprise donnée.

Voici d'ailleurs quelques statistiques[62] très révélatrices :

- 91 % des clients insatisfaits ne reviennent pas ;

- 96 % des consommateurs insatisfaits ne portent pas plainte. Chaque plainte reçue correspond donc à environ 25 clients ;

- Un client insatisfait en parle en moyenne à 13 personnes, alors qu'un client satisfait en parle en moyenne à 5 personnes[v].

---

[v] À noter que ces chiffres ne tiennent pas compte de l'avènement des réseaux sociaux. Aujourd'hui, une personne peut partager une expérience positive ou négative à des centaines, voire des milliers d'individus en seulement quelques minutes.

Malheureusement, plusieurs entreprises investissent des sommes considérables en publicité alors que leur service à la clientèle est déficient. Prenons l'exemple de Bell Canada, la plus grande entreprise de communications au pays.

Malgré tous les moyens financiers dont elle dispose, elle est l'une des entreprises canadiennes qui reçoit le plus de plaintes en lien avec son service à la clientèle et fait régulièrement les manchettes en ce sens.

En 2005, l'émission d'affaires publiques *La facture* diffusée sur les ondes de Radio-Canada, a fait un reportage avec le cas de Daniel, un abonné de Bell Canada qui tentait désespérément de régler une simple erreur de facturation.

Les problèmes de Daniel ont débuté après un changement d'adresse suite à un déménagement. Dès la facture suivante, Bell Canada fait état d'un montant de 34,85 $ pour le service Internet.

Pourtant, Daniel n'utilisait pas ce service puisqu'il était abonné avec un concurrent depuis au moins quatre ans. Suite à l'intervention de *La facture*, on découvre que l'erreur est due à une erreur de frappe d'un agent de Bell et que Daniel paie la facture d'un autre abonné, par erreur, depuis sept mois.

Durant cette période, Daniel a fait quatre appels, d'une durée moyenne d'une heure, au service à la clientèle de Bell, afin de régler le problème. Chaque fois, on créditait le montant facturé et lui promettait que la situation rentrerait dans l'ordre le mois suivant alors que ce n'était pas le cas.

Daniel profita du passage de *La facture* pour tenter de rejoindre le service à la clientèle de Bell pour une cinquième fois en six mois. Il logea un appel à 1 h 52 du matin afin de s'assurer de la priorité de son appel qui dura 71 minutes.

Encore une fois, on lui répéta que le problème était réglé et de rappeler si le problème refaisait surface le mois suivant.

Le reportage ne mentionne pas si Daniel a réussi à régler définitivement son problème de facturation. Il relève cependant de grandes lacunes au niveau du service à la clientèle de Bell Canada, notamment le temps d'attente inacceptable et un système informatique déficient.

L'entreprise a également fait les manchettes en 2007 après que l'humoriste Québécois Jean-François Mercier ait mis en ligne une vidéo afin de dénoncer le mauvais service à la clientèle de Bell mobilité, une division de Bell Canada*.

Il raconta ses difficultés à obtenir un crédit de 100 $ auquel il avait droit, ainsi que l'attitude des employés qu'il qualifiait d'arrogante. La vidéo en question fut visionnée plus de 950 000 fois sur You Tube et généra plus de 1 800 commentaires tels :

> Dan Pl – 14 mars 2013
> Je viens de « *flusher Bell* » et je n'ai jamais été aussi heureux de ma vie. Il fallait que j'appelle pratiquement tout les mois à cause d'erreurs de facturation.

> 4imiss – 29 juin 2011
> « *J'ai passé aussi des heures interminables au téléphone avec des vendeurs qui n'avaient aucun désir de régler mon problème de surfacturation et qui me mettaient sans arrêt en attente. Ils ont totalement perdu ma confiance.* »

thejptraveller – 10 avril 2012

« En mai dernier, Bell mobilité m'avait chargé près de 300 $ de frais d'appel téléphonique que je n'avais jamais effectué. J'ai dû me battre pendant plus de 3 mois pour me faire rembourser tout ça. J'ai passé des heures incroyables d'attente et de transfert pour parler à tous les comités et positions possibles au service à la clientèle, sans aucun résultat. Quand ils m'ont dit qu'il y a eu erreur dans le système, personne ne s'est excusée de m'avoir fait perdre mon temps (3 mois de frustration). »

En 2009-2010, le Commissaire aux plaintes relatives aux services de télécommunication a reçu 1 428 plaintes contre Bell Canada[63]. En 2011-2012, ce chiffre avait grimpé à 2 749[64]. Ceci exclut évidemment les plaintes qui ont été déposées directement chez Bell Canada.

En 2016, un sondage du magazine Protégez-vous, mené auprès de 3 000 lecteurs, classa Bell parmi les pires services à la clientèle. Sur son site Web, le magazine de consommation mentionna :

« Bell, qui récolte année après année le plus grand nombre de plaintes dans son industrie selon le CRTC, arrive bon dernier dans la portion «télécommunications» du palmarès de Protégez-Vous. Les répondants qui sont abonnés chez ce fournisseur (téléphonie, Internet et télévision) ont dénoncé son service lent et inefficace, ainsi que l'incapacité de ses agents à régler leurs problèmes de façon satisfaisante. »[65]

Comme nous l'avons vu précédemment, la plupart des consommateurs ne portent pas plainte et par conséquent, chaque plainte correspond à environ 25 clients. On peut donc penser qu'un minimum de 70 000 clients sont insatisfaits de Bell Canada au pays. Si un client insatisfait en parle à 13 personnes et bien on arrive à un total de 910 000 personnes.

Ceci explique pourquoi plusieurs individus ont une mauvaise opinion de Bell, et ce, malgré le fait que la compagnie tente par tous les moyens de redorer son image en investissant des millions de dollars en publicité.

Cette perception négative est tellement répandue qu'en 2012, le duo d'humoristes québécois Les Grandes Gueules, qui animait à l'époque une émission de radio sur les ondes de NRJ, a fait un sketch humoristique sur la compagnie.

Ce dernier faisait allusion au fait que Bell venait d'acquérir la compagnie Astral qui possède notamment les stations de radio NRJ. Le personnage des Grandes Gueules, Jean-Yves Simard, qui travaille fictivement aux ressources humaines d'Astral, expliquait qu'il y aurait quelques changements suite à cette transaction. Voici un extrait du sketch :

« Vous êtes au courant qu'Astral a été acheté par Bell ? Je dis acheter, mais c'est un contrat d'un an qui va se renouveler sans qu'on sache trop pourquoi… Quand j'ai entendu la nouvelle, je ne le croyais pas. Alors j'ai appelé au service à la clientèle qui me l'a confirmé au téléphone après avoir attendu 45 minutes. [...] Si un jour tu décides de changer de poste de radio, on va t'envoyer une lettre qui dit qu'on s'ennuie de toi comme client et dès que tu vas revenir et bien on va encore se sacrer de toi » [66].

Cette mauvaise presse est évidemment nuisible à l'entreprise puisqu'elle freine le processus de décision d'achat d'un certain nombre de consommateurs tout en fragilisant la relation avec les clients existants.

Tony Hsieh, le président-directeur général de Zappos, a quant à lui fait du service à la clientèle une priorité pour son entreprise. Sous sa gouverne, l'entreprise s'est imposée comme le leader mondial de la vente de chaussures en ligne, passant d'un chiffre d'affaires de 1,6 million de dollars en 1999 à plus d'un milliard de dollars en 2008[67].

L'entreprise offre notamment l'expédition gratuite des produits commandés, une politique de retour exceptionnelle (365 jours pour retourner un produit sans frais) et un service client disponible 7 jours/7, 24 heures/24.

De plus, les préposés au service à la clientèle sont libres de prendre un certain nombre de décisions et ne sont soumis à aucune limite de temps d'appel.

Par exemple, le 10 décembre 2012, un préposé au service à la clientèle de Zappos entama une conversation avec un client qui dura 10 heures 29 minutes. Le client en question se sentait seul et souhaitait discuter de la pluie et du beau temps. Le tout se conclut finalement par la vente d'une paire de bottes.

Plusieurs entreprises auraient réprimandé l'employé, mais pour Zappos, cette conversation est la preuve de l'engagement de l'entreprise envers ses clients.

Jeffrey Lewis, porte-parole de l'entreprise, déclara : « *La première valeur de notre entreprise est de livrer un service exceptionnel. Permettre à nos employés de discuter au téléphone avec un client aussi longtemps qu'il le juge nécessaire permet d'accomplir cette valeur.*[68] »

Bref, Tony Hsieh a compris que son entreprise devait être au service des consommateurs et non l'inverse.

Mais comment offrir un bon service à la clientèle ? La réponse se retrouve dans l'anecdote suivante qui met en scène le célèbre Walt Disney et son épouse Lillian, alors qu'un gardien tenta de les empêcher d'entrer sur le site de Disneyland.

> « *Lorsque Walt lui expliqua qui il était, le gardien le laissa entrer, mais de manière inexplicable, refoula Lillian. Disney le fit licencier sur-le-champ et convoqua peu après l'ensemble du personnel pour expliquer à chacun l'importance primordiale de la courtoisie. Le public devait être accueilli avec la plus grande politesse. Walt insista sur le fait que tout visiteur payant devait être traité comme s'il s'agissait d'un invité personnel de M. et Mme Disney.* »[69]

Offrir un bon service à la clientèle se résume donc à traiter ses clients comme s'ils étaient vos invités personnels. Pour y arriver, je vous propose de respecter les sept règles suivantes.

a) *Évitez de faire attendre vos clients*

La majorité des gens perdent un temps fou à attendre. On attend l'ascenseur, on attend ses enfants à la garderie, on attend l'autobus ou encore dans les bouchons de circulation.

Selon Statistique Canada, les Canadiens prennent en moyenne 26 minutes[70] pour se rendre au travail, soit près d'une heure de perdue quotidiennement en ajoutant le retour à la maison.

Bref, la patience des gens est mise à l'épreuve à de nombreuses occasions quotidiennement. Évidemment, on peut difficilement se soustraire à l'attente causée par les bouchons de circulation ou par la lenteur de nos enfants à enfiler leur manteau et leurs bottes.

Par contre, nous avons le choix de quitter rapidement un établissement qui ne répond pas à nos attentes dans un délai acceptable. C'est d'ailleurs ce que j'ai fait dans l'exemple suivant.

Comme bien des gens, je me suis un jour présenté dans un magasin d'électronique afin de faire l'achat d'un iPad. Il ne s'agissait pas d'un achat impulsif mais planifié, et par conséquent, la transaction était pratiquement assurée pour le commerçant.

Je me rends donc dans la section des tablettes électroniques et cherche désespérément un commis susceptible de me remettre l'article qui est sous clé étant donné sa valeur. À mon plus grand désarroi, personne ne s'est présenté à moi.

Normal puisqu'un seul employé était sur le plancher alors que plusieurs clients attendaient désespérément depuis des lunes. Après vingt minutes d'attente, ma patience avait atteint ses limites, tout comme celle de nombreux clients.

Frustré et amèrement déçu, je quittai les lieux et me rendit dans une boutique Apple Store situé non loin de là. À peine avais-je pénétré dans la boutique qu'un employé se présenta à moi et répondit à toutes mes questions. Moins de vingt minutes plus tard, je quittais fièrement le commerce avec un iPad et un étui de protection.

En 2011, un article[71] paru dans le *Wall Street Journal* citait monsieur Paco Underhill, auteur du livre *Why We Buy: The Science of Shopping*. Ce dernier mentionnait que lorsque les gens attendent deux à trois minutes, leur perception du temps est passablement juste. Par contre, passé ce délai, elle devient erronée. Ainsi un temps d'attente de cinq minutes sera perçu comme le double.

Il est donc important de mettre en place des mécanismes qui permettront de diminuer le temps d'attente. Par exemple, certains détaillants ont instauré un système de caisses express ou libre-service. D'autres vont embaucher du personnel supplémentaire aux heures de pointe ou vont offrir de rappeler les gens plutôt que de les faire attendre en ligne.

Sachez également que vous pouvez influencer la perception qu'ont les gens par rapport au temps. Par exemple, certaines entreprises comme Disney, vont divertir les gens qui font la file, donnant ainsi l'impression d'un temps d'attente moindre.

b) Accueillez les gens chaleureusement

Toutes les entreprises devraient accueillir leurs clients chaleureusement comme le fait le Groupe Jean Coutu. Ce dernier a positionné stratégiquement sa section parfums à l'entrée de ses pharmacies, permettant ainsi aux employés derrière le comptoir de souhaiter la bienvenue à tous les gens qui entrent dans une succursale.

Ce petit geste permet de créer instantanément une relation avec le consommateur. Ainsi, ce dernier aura tendance à prendre son temps pour magasiner et risque de dépenser davantage. Sachez également que cette technique vise un deuxième objectif, soit d'éloigner les gens malveillants de vos établissements.

Sur son site Web, le Service de police de la Ville de Montréal (SPVM) recommande d'accueillir les gens chaleureusement, avec un sourire, afin de leur démontrer que vous les avez bien vus et que vous les avez bien en vue. Ceci permettrait de diminuer le vol à l'étalage de façon considérable.

Accueillir les gens chaleureusement implique cependant d'être en mesure de communiquer avec eux. Lorsque je travaillais dans l'industrie brassicole, de nombreuses personnes d'origine asiatique ont fait l'acquisition de dépanneurs. Ces gens étaient souriants et chaleureux, mais un certain nombre d'entre eux ne parlaient pas le français, soit la langue officielle du Québec.

Faute de pouvoir communiquer, les gens du quartier ont délaissé ces établissements ou ont réduit considérablement leurs achats, ce qui s'est traduit par une diminution drastique du chiffre d'affaires pour ces commerçants.

Malheureusement, il ne s'agit pas de cas isolés. Plusieurs entreprises ne réussissent pas à communiquer adéquatement avec leurs clients.

Dans la région métropolitaine de Montréal, 65,7 % des gens ont comme langue maternelle le français et 12,5 % l'anglais[72]. Pourtant, de plus en plus de commerçants font le choix d'offrir un service unilingue anglais.

Mon objectif n'est pas de débattre sur la question de langue au Québec et de faire de la politique, mais vous devez comprendre qu'en agissant de la sorte, vous risquez de mettre en péril la croissance de votre entreprise.

Ceci est également valide pour les gens qui refusent de servir les anglophones dans leur langue maternelle. Au Québec, il est primordial d'offrir un service en français et en anglais. Vous vous assurerez ainsi de rejoindre un maximum de personnes et éviterez, par le fait même, de froisser des gens, ce qui aura inévitablement un impact positif sur vos ventes.

c) Ne portez pas de jugement

Au début de la vingtaine, ma conjointe et moi nous sommes présentés dans un magasin de meubles afin de faire l'achat d'un mobilier de cuisine.

Un vendeur nous accueillit avec l'idée préconçue que nous étions des étudiants sans le sou. Voici comment s'est déroulé notre entretien.

Vendeur :   *Bonjour! Je vois que vous êtes à la recherche d'un mobilier de cuisine.*

Moi :   *Oui, nous venons d'emménager ensemble et nous aurions besoin d'une table et de six chaises.*

Vendeur :   *D'accord! Venez avec moi, car les ensembles que vous regardez présentement sont au-dessus de vos moyens. Nous avons une section bas de gamme, un peu plus loin, qui conviendrait à vos besoins d'étudiants.*

Ma conjointe et moi nous sommes regardés et avons quitté les lieux, abasourdis par la manière dont nous venions de nous faire traiter. Quelques heures plus tard, nous faisions l'achat d'un mobilier de cuisine chez un autre détaillant.

En 2013, la célèbre animatrice et femme d'affaires Oprah Winfrey, dont la fortune est évaluée à 2,9 milliards de dollars[73], a vécu une expérience similaire lors d'un voyage en Suisse.

En entrevue[74] à l'émission *Entertainment Tonight*, la reine des talk-shows américains confia qu'une vendeuse d'une boutique de

Zurich avait refusé de lui montrer un sac à main, prétextant qu'il était trop dispendieux pour elle.

La vendeuse n'avait évidemment pas reconnu la célèbre animatrice, qui quitta les lieux sans mentionner son identité. La boutique perdit donc quelques dizaines de milliers de dollars à cause du manque de jugement de l'employé.

Traitez donc tous vos clients équitablement, car l'apparence est parfois trompeuse.

d) Ne cherchez pas à berner vos clients

La chaîne de restaurants Au Vieux Duluth compte une trentaine de restaurants au Québec et en Ontario. En 2008, un franchisé a pris la décision d'arrêter de servir de l'eau provenant du système d'aqueduc municipal.

Sur chacune des tables du restaurant se trouvait un avis sur lequel on pouvait lire « *Par respect pour l'environnement et pour le gaspillage de milliers (sic) de litres d'eau, nous ne servons plus l'eau de la ville* »[75].

C'est à se demander si le propriétaire ne tentait pas plutôt de renflouer ses coffres, puisque les clients désirant obtenir de l'eau devaient débourser 75 cents pour avoir droit à... une bouteille de plastique, de format 500 ml, qui n'a évidemment rien d'écologique.

En effet, sur le site Web d'Équiterre, un organisme de sensibilisation qui propose des solutions concrètes pour faire des choix plus écologiques, équitables et solidaires, on mentionne qu'il faut trois litres d'eau pour produire une bouteille de format un litre et que cette dernière prendra mille ans pour se décomposer.

Évidemment, le propriétaire perdit des clients et reçut de nombreuses plaintes. Il prit donc la sage décision d'offrir, à nouveau, de l'eau provenant du système d'aqueduc municipal.

Gardez en tête que les clients ne sont pas dupent. Rappelez-vous les propos d'Abraham Lincoln : *Vous pouvez tromper quelques personnes tout le temps. Vous pouvez tromper tout le monde un certain temps. Mais vous ne pouvez tromper tout le monde tout le temps.*

e) Faites preuve de compassion

Brault & Martineau, une entreprise québécoise de vente au détail spécialisée dans le secteur des meubles, matelas, électroménagers et appareils électroniques, est malheureusement souvent citée pour la piètre qualité de son service à la clientèle.

Voici d'ailleurs un échange provenant du compte Facebook de l'entreprise entre un client insatisfait et le gestionnaire de communauté.

Client :   **30 juillet 2012, 23 h 44** - *23 h 40 la commande est la....17 h d'attente sans prévenir alors que vous saviez qu'on était les 17ᵉ et dans le 2ᵉ chargement!! Honte à votre service à la clientèle. A oui, j'avoue que vous avez communiqué avec nous... à 21 h pour nous dire que vous seriez là à 22 h. On va vous en faire de la pub auprès de ceux qui déménagent et veulent aller chez vous!!!*

B&M :   **31 juillet 2012, 9 h 47** - *Puisque les livreurs peuvent être dans l'impossibilité de respecter la route planifiée et être obligés de la changer en cour de route, il est préférable de ne pas vous dire que* *vous êtes le 1ᵉ du 2ᵉ chargement, puisque vous pourriez vous absenter en présumant que la livraison aura lieu tard alors qu'un changement a eu lieu. Vous seriez alors déçu de ne pas avoir reçu la livraison tel que prévue.*

Nous travaillons à implanter un nouveau système de livraisons avec plage d'heures, appels automatisés et suivi plus précis de la route. Toutefois, l'implantation n'est pas encore terminée vu l'ampleur de la tâche. Ce nouveau système éliminera les désagréments de ce type, et bien plus encore, et offrira une bien plus grande flexibilité à notre clientèle.

Ce qu'il y a de choquant dans cette réponse est le manque de compassion. La compagnie a préféré se justifier au lieu de s'excuser alors que les livreurs se sont présentés au domicile du client un lundi soir à 23 h 40.

Il est primordial d'admettre ses torts et de s'excuser lorsqu'un client est insatisfait et que son insatisfaction est justifiée, comme l'a fait Microsoft en 2013, après que de nombreuses personnes aient éprouvé des problèmes d'accès à son service de messagerie Outlook.com.

Malgré les efforts de l'entreprise, le problème perdura pendant de nombreuses heures voir quelques jours pour un certain nombre d'utilisateurs. Non seulement l'entreprise s'excusa par le biais d'un courriel, mais elle fit preuve de compassion tout en expliquant la source du problème. Voici d'ailleurs un extrait du courriel en question.

Notre objectif est de fournir un service exceptionnel à tous les utilisateurs d'Outlook.com, et j'espère que vous continuerez à nous honorer de votre confiance malgré ce récent incident. Vous avez choisi Outlook.com et nous en sommes fiers. C'est pour cela, qu'au nom de toute l'équipe de Outlook.com, je tiens à vous renouveler toutes nos excuses pour les désagréments rencontrés la semaine dernière, et à vous remercier pour votre patience.

Nous espérons que vous continuerez à privilégier Outlook.com.

Sincèrement,

Dick Craddock
Group Program Manager, Outlook.com

Faire preuve de compassion et s'excuser est une chose. Mais encore faut-il prendre action lorsque la situation l'exige. Bon nombre d'entreprises ont trop longtemps négligé cette notion, faisant preuve d'arrogance et de mépris envers ceux qui assurent leur croissance et leur pérennité.

Mais les nouvelles technologies ont changé la donne et offre maintenant la chance aux consommateurs de se faire entendre et de partager leur insatisfaction à grande échelle. La compagnie aérienne United Airlines l'a d'ailleurs appris à ses dépens.

En 2008, Dave Carroll, un musicien d'Halifax, prit un vol de la compagnie en direction du Nebraska. Lors d'une escale à Chicago, une passagère fit remarquer à monsieur Carroll que des bagagistes lançaient ce qui semblait être des guitares à l'extérieur de l'avion.

Le précieux instrument de musique de monsieur Carrell était du lot et fût malheureusement endommagée. Malgré toutes ses démarches, la compagnie refusa de le dédommager. À bout de ressource, monsieur Carroll prit la décision d'écrire une chanson sur sa mésaventure et de produire une vidéo qu'il diffusa sur *You Tube**.

Après seulement quatre jours, plus d'un million de personnes avaient vu la vidéo et des médias de partout à travers le monde avaient repris la nouvelle. Un journaliste a même avancé que cette vidéo serait à l'origine de la chute de 10 % de l'action de United Airlines, soit des pertes de 180 millions de dollars pour l'entreprise.

Si tel est le cas, le coût de cette mésaventure aurait coûté plus de 51 000 fois la valeur de la guitare de monsieur Carrell à United Airlines.

Les entreprises doivent donc être à l'écoute de leurs clients et chercher à les accommoder sous peine de représailles. Contrairement à la croyance populaire, rembourser un client insatisfait est, dans la plupart des cas, beaucoup plus payant que l'inaction.

En entrevue pour le Journal les Affaires, l'ancien président de l'entreprise *Dans un jardin*, Jean-Claude Gagnon, expliquait qu'il n'hésitait pas à rembourser les clients qui ramenaient une bouteille de bain-mousse vidée au trois quarts.

Il ajoutait : « *Dans la grande majorité des cas, non seulement le client insatisfait rachetait un autre produit sur le champ, mais dépensait souvent plus du double du montant qu'il avait dépensé au départ !* »[76]

f) Soyez à l'écoute de vos clients

Il est primordial d'être à l'écoute de vos clients et de tenter de répondre à leurs demandes, comme l'explique Cora Tsouflidou, fondatrice des restaurants Cora.

> *Il faut bien faire les choses et écouter sa clientèle. Il n'y a pas de secret en ce qui concerne le fameux menu Cora : ce sont les clients qui l'ont composé. Ce menu, pour lequel j'ai déjà gagné des prix et qui me vaut régulièrement des compliments, c'est le résultat des multiples demandes des clients et l'expression de toutes les occasions que j'ai eues de leur faire personnellement plaisir en disant : « Oui! Oui, c'est possible. Je vais te le faire; attends que je m'exerce un peu. »*[77]

Bien entendu, certains clients sont plus exigeants que d'autres et il est pratiquement impossible de répondre favorablement à tous les caprices des gens. L'important n'est pas tant de répondre positivement, mais de démontrer que vous faites tout en votre possible pour atteindre cet objectif.

Rappelez-vous mon exemple précédent ou la serveuse d'un restaurant a refusé de substituer les légumes de mon assiette par une salade, prétextant que c'était contre la politique de la maison.

Je n'ai évidemment pas senti que l'on était à l'écoute de mes besoins puisque la serveuse n'a fait aucun effort afin de trouver une solution à mon problème.

Pourtant, si Barack Obama avait fait cette demande, je suis convaincu que le dénouement aurait été différent. Rappelez-vous la règle d'or du service à la clientèle : Traitez tous vos clients comme s'ils étaient vos invités personnels.

g) Un extra avec ça?

Les Aliments M&M est la plus grande chaîne de vente au détail d'aliments surgelés au Canada, avec plus de 400 emplacements. Chaque semaine, plus de 6,5 millions de circulaires sont livrées partout au pays[78].

J'apprécie la qualité des produits de la bannière et c'est pourquoi je fréquente occasionnellement deux succursales qui se trouvent à proximité de mon domicile.

Auparavant, on y trouvait une fontaine à jus ou les enfants pouvaient s'abreuver gratuitement. Ma fille se faisait d'ailleurs une joie de se servir elle-même tout en prenant soin de nous vanter le goût de son rafraîchissement, afin de nous inciter à faire l'achat d'un sachet de jus en poudre, ce qui fonctionnait une fois sur deux.

Ce petit extra agrémentait notre visite. Même qu'il n'était pas rare que ma fille me demande, de façon impromptue, d'arrêter dans une succursale afin de se servir un verre de jus. Évidemment, je profitais de l'occasion pour faire quelques achats non planifiés.

Pour des raisons que j'ignore, on a retiré les fontaines à jus des succursales. Ce geste n'a rien de dramatique et ne met aucunement en péril la survie de l'entreprise. Il n'en demeure pas moins que ce petit extra agrémentait nos visites et par conséquent, nous poussait à consommer davantage, ce qui se traduisait par des revenus supplémentaires pour le commerçant.

Certaines entreprises ont compris l'effet positif que pouvaient avoir ces extras sur les consommateurs. Par exemple, demandez à un enfant dans quel restaurant il souhaiterait manger. La plupart d'entre eux répondront sans hésitation McDonald's.

La raison est simple ! McDonald's offre dans plusieurs de ses établissements une aire de jeux et surtout, un jouet gratuit à l'achat d'un repas pour enfant que l'on nomme Joyeux festin.

Des chercheurs canadiens ont d'ailleurs demandé à des jeunes âgés entre six et douze ans, de choisir entre un Joyeux festin santé avec jouet et un Joyeux festin traditionnel sans jouet.

Ils ont constaté que les jeunes étaient trois fois plus enclins à opter pour le repas avec jouet, même si les frites et la boisson gazeuse avaient été substituées par des tranches de pommes et une bouteille d'eau.[79]

Les enfants sont évidemment des cibles de choix et la plupart des commerçants auraient avantages à leur porter attention, comme le démontre l'anecdote suivante.

Par un beau samedi, je décide de me rendre dans une boutique de vêtements en compagnie de ma fille, qui était alors âgée de cinq ans, afin de regarnir ma garde-robe.

Je sélectionne quelques items et me rends dans une cabine d'essayage. Après avoir essayé quelques chemises, ma fille commence à démontrer quelques signes d'impatience.

Je lui explique que ce ne sera pas long et réussi à gagner du temps. Mais quelques minutes plus tard, elle perd le contrôle et se met à hurler. Exaspéré, je l'empoigne par le bras et quitte la boutique, laissant derrière moi les vêtements sélectionnés.

Pratiquement tous les parents ont vécu un jour ou l'autre une situation semblable, qui s'est évidemment traduite par des pertes monétaires pour les commerçants.

Ces derniers auraient donc intérêt à s'attarder aux enfants en leur offrant par exemple un suçon, un ballon ou encore des crayons à colorier afin d'aiguiser leur patience. Les parents pourraient magasiner en toute quiétude risquant ainsi de dépenser davantage.

Les enfants ne sont évidemment pas les seuls à apprécier les petites attentions, comme le démontre l'exemple suivant.

Je discutais avec des collègues de travail de l'état de mon parterre, lorsqu'un membre du groupe, prénommé Denis, nous mentionna qu'il venait de faire l'achat d'un tracteur à gazon de marque Jonh Deere.

Il en parlait avec tellement d'enthousiasme et d'émotion ! Non seulement le tracteur fonctionnait bien, mais l'entreprise lui avait fait parvenir, par la poste, une casquette à l'effigie de la marque, ce qui le comblait de bonheur.

Denis nous expliqua qu'il la portait fièrement lorsqu'il coupait son gazon et qu'il avait l'impression de faire partie d'une communauté.

Ce petit extra de moins de 5 $ avait renforcé son attachement à la marque et avait fait de lui un promoteur, comme des centaines de milliers d'autres personnes.

D'ailleurs, plus de 1,7 million de personnes aiment la page Facebook de John Deer dans laquelle on peut voir des photos de gens posant fièrement avec leur tracteur, leur casquette et autres items promotionnels. Un homme a même publié une photo de son bras arborant un tatou du logo de l'entreprise.

Les gens apprécient les petites attentions et ces dernières peuvent se manifester de différentes façons. Par exemple, la chaîne de restaurants La Cage aux Sports offre gratuitement le maïs soufflé alors que l'hôtel Fairmont le Château Frontenac de Québec a son Ambassadeur canin afin de créer des souvenirs inoubliables et un accueil mémorable.

La chaîne de supermarchés IGA offre un item gratuit pour chaque tranche d'achat de 70 $ alors que le transporteur aérien Sunwing offre un repas gratuit ainsi qu'un verre de mousseux à tous ses clients.

D'autres vont offrir café, boissons gazeuses, beignes, muffins ou biscuits à leurs clients. Certains vont même jusqu'à installer un présentoir à bonbons dans leurs locaux. Lorsque les clients quittent les lieux, ils sont invités à se remplir un sac de sucreries.

Tous ces petits extras viennent bonifier l'expérience d'achat des consommateurs. Se sentant importants et appréciés, ils auront tendance à dépenser davantage, à revenir plus fréquemment et à promouvoir l'entreprise auprès de leurs pairs.

h) Formez vos employés

Au début des années soixante, Reub Taylor, un spécialiste de la vente et franchisé McDonald's, prend conscience que la formule du franchiseur est inutile si le service n'est pas courtois et efficace.

Il décide donc de développer un programme de formation pour ses employés chargés du service au comptoir, tel que décrit dans cet extrait tiré du livre *Sous les arches de McDonald's* de John F. Love.

> *Taylor aborde tous les aspects que comporte le service au client, de la première à la quinzième seconde. On demande aux employés de commencer par une question*

polie : « Bonjour. Que désirez-vous? » et de terminer par : « Merci. Revenez-nous voir. » Les employés apprennent également à exécuter la commande suivant un ordre logique. Taylor se rappelle qu'on suggérait même aux nouvelles recrues de « donner le plus beau hamburger aux dames et de réserver aux hommes les hamburgers dont on voyait le ketchup ou la moutarde à travers le papier »[80].

La méthode de Taylor connut un succès immédiat et permit à ses établissements de maintenir un chiffre d'affaires supérieur à la moyenne nationale.

Sa succursale de Newington, dans l'état du Connecticut, fût d'ailleurs la première de la chaine à franchir le cap des 500 000 dollars de chiffre d'affaires annuel. Vu les résultats, McDonald's appliqua la méthode de Taylor dans l'ensemble de ces établissements[81].

Une formation adéquate vous permettra d'uniformiser vos procédures tout en sensibilisant vos employés. Ces derniers seront ainsi en mesure de comprendre qu'en offrant un service hors pair, ils contribueront non seulement à la croissance de l'entreprise, mais également à créer un environnement de travail agréable pour tous. Et ceci s'avèrera payant, autant pour l'employeur que pour l'employé.

Par exemple, une expérience menée par Kathi L. Tidd et Joan S. Lockard en 1978 a permis de mettre en évidence l'effet du sourire sur les pourboires laissés. Le montant augmentait significativement lorsque les clients étaient servis avec un large sourire.

Par contre, plusieurs entreprises demandent à leurs employés d'offrir un service à la clientèle hors pair et de traiter les clients avec respect alors qu'ils font tout le contraire avec leur personnel. Pour ma part, l'adéquation du succès est simple :

$$\text{Formation adéquate} \; + \; \text{Employés compétents et heureux} \; = \; \text{Service hors pair}$$

Il existe plusieurs façons de rendre les gens heureux au travail. Vous pouvez évidemment offrir des conditions avantageuses en jouant sur la rémunération ou les vacances.

Denis Morin, professeur agrégé en gestion des ressources humaines à l'Université du Québec à Montréal, mentionnait lors d'une entrevue accordée au journal Les Affaires: « *Au retour des vacances, durant environ un mois, on constate des gains de 8 % en matière de productivité*[82]. »

Vous pouvez démontrer des marques d'appréciation et de reconnaissance. Chantal Binet, présidente de la firme *Chantal Binet – Coach Inc.* Mentionne : « *On sous-estime l'impact des marques d'appréciation et de la reconnaissance autant sur nous que sur nos employés et nos collègues. Pourtant, la reconnaissance arrive au quatrième rang des valeurs préconisées au travail par les Québécois.* »[83]

Vous pouvez permettre à vos employés de contribuer à la croissance de l'entreprise comme le fait Amazon. Des employés soucieux de l'environnement ont mis en place un système de tri efficace au centre de distribution d'Orléans en France, afin de séparer les différents types de déchets. Cette initiative permit à l'entreprise de couvrir 60 % des coûts de traitement des déchets grâce à la revente de plastique et carton.[84]

Bref, il existe une multitude de façons de rendre vos employés heureux. La meilleure façon d'y parvenir est de les traiter avec respect, de les consulter et d'être à l'écoute de leurs besoins,

SEPT CONSEILS ADDITIONNELS :

1. N'hésitez pas à sondez vos clients régulièrement afin d'évaluer leur niveau de satisfaction. Vous pouvez également envoyer de faux clients pour tester votre service à la clientèle et consulter vos employés afin d'obtenir de la rétroaction;

2. Tout ce qui traine se salit! Il est donc primordial de développer un système de gestion de plaintes qui vous permettra d'agir rapidement et efficacement;

3. Répertorier les plaintes ainsi que les principales questions de vos clients. Vous serez ainsi en mesure de développer un argumentaire pour vos employés ainsi qu'un document questions/réponses que vous pourrez publier sur le site Web de votre entreprise;

4. En 2014, le gouvernement fédéral a dépensé quelque cinq millions de dollars pour une campagne publicitaire visant à informer les anciens combattants canadiens, ainsi que leur famille et les survivants, du large éventail de services et d'appuis qui s'offrent à eux. Cette campagne a été vivement critiquée, notamment parce que personne ne répondait lorsque les gens composaient le numéro de téléphone mentionné dans la publicité. Les gens doivent être en mesure de vous rejoindre rapidement sous peine de vous ignorer. Assurez-vous donc de retourner vos appels et vos courriels préférablement la journée même ou dans un délai maximal de 24 heures;

5. Le service à la clientèle doit se poursuivre au-delà de la transaction. En 2013, Le propriétaire chinois d'une Maserati à 426 000 dollars, a engagé quatre hommes pour détruire sa voiture à coups de masse, en protestation contre la qualité du service après-vente du constructeur italien[85]. Cette mascarade a été filmée par de nombreuses personnes et diffusée sur le Web. Moins de deux mois après l'événement, l'une des vidéos avait été vue plus de 300 000 fois et des médias de partout à travers le monde avaient repris la nouvelle*;

6. On peut former les gens, mais on peut difficilement modifier leur comportement et leur attitude. Cherchez donc à embaucher des gens positifs, agréables et souriants;

7. Ne cherchez pas de coupable, mais une solution et surtout, soyez disponible et non envahissant.

En conclusion

Nous venons de voir les principaux éléments qui peuvent venir interférer dans le processus de décision des gens. Je dis principaux, car d'autres facteurs peuvent s'ajouter, comme par exemple le prix d'un produit.

Si ce dernier est trop élevé, les gens auront l'impression de se faire flouer. S'il est trop bas, ils risquent de percevoir le produit ou le service comme étant de piètre qualité, comme le démontre l'anecdote suivante tirée du livre de Ruth Brandon, *La Guerre de la Beauté*.

Lorsque l'écrivain Michael Greenberg se lança dans la vente de cosmétiques bon marché dans le Bronx, il découvrit que si le prix était trop bas (3,50 dollars), le produit paraissait suspect. Lorsqu'il le porta à 5 dollars, les affaires repartirent.[86]

À l'inverse, certaines des notions que nous venons d'aborder pourraient ne pas s'appliquer à votre entreprise. De même qu'il se peut que vous jugiez irréaliste de mettre en application l'ensemble des recommandations proposées dans le présent chapitre avant de lancer une offensive publicitaire.

Rappelez-vous que Rome ne s'est pas bâti en un jour. L'important est d'entamer une réflexion et d'établir un plan d'action qui vous permettra éventuellement de corriger la situation au besoin.

CHAPITRE 3 : 7 ÉTAPES À SUIVRE

Winston Churchill, Premier ministre du Royaume-Uni dans les années 1940 et 1950, a déjà dit : « *Un discours improvisé a été réécrit trois fois* ».

Cette citation est très révélatrice. Règle générale, les meilleures offensives publicitaires, tout comme les meilleurs discours, ont été planifiées soigneusement, et ce, même lorsqu'on tente de vous faire croire le contraire.

Par exemple, il y a quelques années, j'étais à l'écoute d'une station de radio lorsque l'animateur commença à se plaindre de la chaleur accablante qui régnait sur tout le Québec.

Ne faisant ni une ni deux, ce dernier contacta en direct un détaillant de piscines qui accepta, sur le champ, de faire tirer un plan d'eau.

Les auditeurs participèrent en grand nombre au concours qui s'échelonna sur deux semaines et ne manquèrent pas de souligner, au passage, la gentillesse et la générosité du propriétaire.

Pourtant, contrairement à la croyance populaire, ce coup d'éclat n'avait rien d'improvisé. Il avait été orchestré par l'équipe des promotions de la station de radio plusieurs semaines auparavant.

Dans le présent chapitre, nous allons voir comment planifier une offensive publicitaire, à commencer par la première étape qui consiste à collecter l'information.

1. Collecter l'information

La première étape du plan consiste à répertorier dans un calendrier tous les congés, tous les événements, toutes les journées thématiques ainsi que toutes autres informations susceptibles d'influencer vos décisions en termes de stratégies publicitaires.

Par exemple, inscrire les jours de vacances de vos employés dans votre calendrier vous évitera de lancer, par inadvertance, une offensive publicitaire en l'absence de vos meilleurs effectifs.

Vos ventes quotidiennes et mensuelles vont quant à elles vous indiquer les piques et les creux, ce qui vous aidera à sélectionner le meilleur moment pour lancer une campagne publicitaire.

Les stratégies de vos compétiteurs méritent également votre attention. Quand investissent-ils? Quels médias utilisent-ils? Quels messages véhiculent-ils? Plus vous en saurez sur eux, meilleures seront vos chances de les surpasser.

Bien fait, cet exercice vous permettra d'obtenir un portrait de l'année en cours. Vous pourrez ainsi identifier les occasions et les menaces, et par conséquent, vous serez en mesure de prendre des décisions réfléchies et éclairées.

Dans les pages qui suivent, vous retrouverez différents éléments à considérer (ou non) ainsi qu'une liste plus spécifique en annexe. Cette dernière est cependant non exhaustive et devra être bonifiée et adaptée selon le secteur d'activité de votre entreprise.

a) Les congés scolaires

En 2010-2011, on dénombrait 5 053 985 élèves inscrits dans les écoles primaires et secondaires canadiennes selon Statistique

Canada[87]. Ajoutons à cela le corps professoral qui compte plus de 750 000 personnes ainsi que les parents des élèves et on obtient plus de 11 000 000 de personnes[vi].

Ceci exclut évidemment les étudiants et professeurs de niveaux collégial et universitaire qui représentent plusieurs centaines de milliers d'individus. Au total, c'est donc plus du tiers des Canadiens qui adaptent leur comportement et leurs habitudes de consommation selon le calendrier scolaire.

Par exemple, durant la semaine de relâche[vii], plusieurs personnes vont modifier leurs habitudes de consommation et adapter leur budget afin de passer du temps en famille.

Pour plusieurs entreprises, particulièrement celles dans les domaines du divertissement, du voyage, de l'hébergement et de la restauration, cette période peut s'avérer très lucrative et représenter une belle occasion pour lancer une offensive publicitaire.

Pour d'autres, elle est plutôt synonyme de baisse d'achalandage. Par exemple, cette période n'est sûrement pas la plus propice pour la vente de bijoux de luxe. Ainsi, une bijouterie qui lancerait une offensive publicitaire par inadvertance, durant cette période, risque de ne pas obtenir les résultats escomptés.

Il est également important de considérer la fin du congé estival, car des millions de parents et d'étudiants vont dévaliser les

---

vi Selon Statistique Canada, la moyenne d'enfants par famille est de 1,9. 5 053 985 élèves / 1,9 = 2 659 992 familles, donc 5 319 984 parents. Élèves + parents + enseignants = 11 123 969 personnes. 11 123 969 de 35 158 300 (population canadienne en 2013) = 31,6 %.
vii En Amérique du Nord, un congé scolaire d'une semaine a lieu annuellement à la fin du mois de février ou au début du mois de mars.

magasins afin de se procurer des fournitures scolaires, des livres et des vêtements en prévision de la rentrée scolaire.

Un sondage réalisé par RetailMeNot.ca en 2014 a d'ailleurs révélé que plus de la moitié des Canadiens dépensent plus de 200 $ par enfant pour la rentrée scolaire alors que 12 % dépassent la barre des 400 $[88].

Les entreprises qui ne ciblent pas cette clientèle devront être créatives (payez dans un an, rabais, etc.) pour maintenir leur chiffre d'affaires puisque plusieurs parents et étudiants seront dans l'obligation de réduire, d'annuler ou de reporter certaines dépenses faute d'argent.

Outre la semaine de relâche et le congé estival, le congé des fêtes et les principales journées pédagogiques peuvent également être considérés selon votre secteur d'activité.

b) Les jours fériés

Au Canada, les banques, les services gouvernementaux, les écoles ainsi que plusieurs commerces sont fermés pendant les fêtes nationales.

Les provinces et territoires canadiens ont également leurs jours fériés visant à commémorer ou à célébrer certains événements.

Toutes ces journées peuvent venir écourter les heures ouvrables d'une entreprise et par conséquent, elles peuvent venir interférer dans une offensive publicitaire si elles ne sont pas considérées dès le départ.

Elles peuvent également représenter de belles occasions. En effet, plusieurs entreprises vont profiter de ces journées pour lancer des campagnes de promotion ou pour gagner du capital de sympathie auprès des gens.

En 2013, McDonald' a, par exemple, profité de l'occasion de la fête nationale en Australie pour adopter le surnom que la majorité de la population lui donnait. Ainsi, durant un mois, la chaine de restaurants s'est appelée Macca's.

Un an plus tard, soit en 2014, l'entreprise souhaita bonne fête aux Canadiens, via des panneaux publicitaires installés en bordure des autoroutes, comme le démontre la photo suivante.

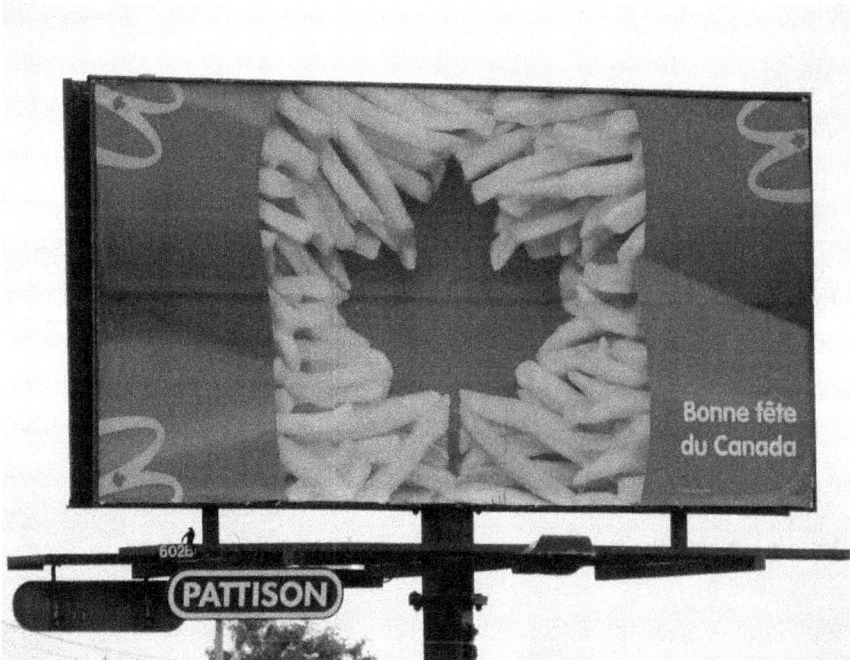

c) Les événements ponctuels

Les événements ponctuels sont des événements qui reviennent de façon récurrente. Par exemple, chaque année, plus de 200 000 ménages québécois profitent du 1er juillet pour déménager.

Ceci implique que les produits nettoyants et de rangement sont à l'honneur, tout comme les boissons rafraichissantes, les boissons alcoolisées, les grignotines et évidemment, la pizza.

La chaîne de restaurants Pizza Pizza profite de cet événement depuis de nombreuses années pour promouvoir ses produits. Par exemple, en 2014, elle a sillonné les rues de Montréal à l'aide de deux camions qui ont distribués des pamphlets promotionnels et plus de 300 pizzas gratuites aux citoyens qui déménageaient.

Aux États-Unis, un restaurant Burger King a, quant à lui, profité de la traditionnelle marche de la fierté gaie de San Francisco de 2014 pour lancer le *Proud Whopper*. Ce hamburger était proposé aux clients de l'établissement à la place du *Whopper* régulier, symbole emblématique de la chaîne.

Seul l'emballage différenciait les deux produits : celui du *Proud Whopper* arborait les couleurs du drapeau de la fierté gaie. Une fois déballé, on pouvait lire : « *We are all the same inside* » (Nous sommes tous les mêmes à l'intérieur).

La réaction des gens a été filmée et diffusée sur le web. Après un peu plus d'une semaine, la vidéo avait été visionnée plus de 4 millions de fois alors que des médias de partout dans le monde soulignèrent l'initiative*.

La Saint-Valentin, la fête des Pères et la fête des Mères peuvent également être propices au lancement d'une offensive publicitaire. Par exemple, en 2014, American Greetings, un important fabricant et distributeur de cartes de souhaits, publia une offre d'emploi dans certains journaux et sites web afin de pourvoir un poste de directeur des opérations.

Une vingtaine de personnes postulèrent et acceptèrent de passer l'entretien d'embauche via Skype. Ces dernières ont rapidement pu constater que le poste en question était très exigeant : plus de 135 heures semaines, aucune vacance et un salaire de 0 $.

Face au désarroi des gens, l'intervieweur leur annonça que des milliards de personnes occupaient cette fonction et qu'il s'agissait, en fait, du rôle de « *maman* ». À ce jour, plus de vingt-six millions de personnes ont visionné la vidéo qui a fait le tour du monde*.

Certaines entreprises vont plutôt exploiter les événements en lien avec le climat. Par exemple, à l'aube du printemps 2015, La fromagerie Hamel lança une campagne d'affichage en bordure de l'autoroute 40. Cette dernière montrait un fromage suisse géant caractérisé par ses nombreux trous accompagné du slogan « *Fier commanditaire des rues de Montréal* ».

En 2014, Subaru Canada profita quant à elle de la première tempête de neige au Québec pour prendre d'assaut les rues de Montréal et y planter 500 pelles près des voitures ensevelies. La pelle arborait le logo du constructeur automobile et le manche, la mention suivante : *En attendant votre traction intégrale**.

Et que dire du 1er avril, une journée qui permet de jouer des tours à autrui. En 2011, la compagnie WestJet annonça, via une vidéo,[89] qu'elle allait ajouter de l'hélium dans la cabine de ses appareils afin de réduire ses coûts reliés au prix croissant du carburant. Évidemment, l'entreprise pris soin de mentionner qu'il s'agissait d'un canular*.

Au Canada, Workopolis, le plus important site d'emplois au pays, est probablement l'une des entreprises qui exploitent le mieux les événements ponctuels dans ses concepts publicitaires. En 2013, elle fit un clin d'œil au mouvement *Movember*[viii] en publiant dans différents quotidiens la publicité suivante.

Conseil d'ami : évitez les entrevues d'emploi ce mois-ci.

Workopolis a plus de 3 000 nouvelles offres d'emploi au Québec chaque mois, en plus de conseils utiles et d'articles sur les dernières tendances du marché de l'emploi. Vous y trouverez tout ce dont vous avez besoin pour vous présenter sous votre meilleur jour.

workopolis.com   #workopolis

WORKOPOLIS

[viii] Tous les ans, des millions d'hommes de partout dans le monde se laissent pousser la moustache durant tout le mois de novembre afin de sensibiliser la population aux problèmes de santé masculine.

Toujours en novembre, soit au lendemain des élections municipales tenues au Québec, l'entreprise apposa des autocollants sur les affiches électorales des candidats défaits avec la mention « *Bienvenue chez Workopolis* ».

d) Les événements sportifs

Les événements sportifs d'envergure peuvent soulever les passions de milliers, voire de millions de personnes. Par exemple, en 2014, la fièvre des séries de la Ligue nationale de hockey (LNH) s'est emparée du Québec alors que le Canadien de Montréal terminait au 3e rang du classement de la conférence de l'Est.

La chaîne de télévision sportive RDS, alors diffuseur des matchs du Canadien, a atteint des pointes d'écoute record de plus de trois millions de téléspectateurs, soit plus de 50 % des parts de marché, durant certaines parties des séries.

Plusieurs entreprises ont profité de cet engouement pour développer des publicités originales. Par exemple, durant la série opposant le Canadien aux Bruins de Boston, la chaîne de restaurants Tim Hortons diffusa une publicité sur laquelle apparaissait un beigne à saveur Crème Boston accompagné du message : « *Boston, on va les manger* ».

La compagnie de télécommunications Bell Canada a, quant à elle, diffusé une publicité affichant le message suivant : « *Le noir et le jaune n'ont jamais été nos couleurs préférées* » en référence aux couleurs de l'uniforme des Bruins, mais également de Videotron, son éternel rival.

Ce dernier n'a pas tardé à répliquer avec une publicité mentionnant : « *Bleu et blanc, c'est pas les couleurs de Toronto ça?* » en référence aux couleurs corporatives de Bell Canada, mais également de l'équipe de hockey torontoise dont l'entreprise est propriétaire.

La palme d'or revient cependant à la chaîne de restaurants Boston Pizza qui a adopté le nom Montréal Pizza le temps de l'affrontement entre les deux équipes (voir photo ci-dessous).

Il faut cependant être prudent avec ce genre de stratégie, car les événements sportifs peuvent diviser les gens. Il faut également être conscient que les résultats peuvent parfois, voir régulièrement, surprendre les plus éminents spécialistes et aller à l'encontre de la logique.

Le patron d'un centre de jardinage en Allemagne l'a appris à ses dépens. En 2014, ce dernier diffusa une publicité annonçant un rabais de 10 % pour chaque but compté par l'Allemagne lors de la demie-finale de la Coupe du Monde de Football.[90]

Malheureusement pour lui, l'Allemagne a défait les Brésiliens par la marque historique de 7 à 1, l'obligeant ainsi à accorder 70 % de rabais à ses clients.

Le National Council on Problem Gambling (NCPG) de Singapour a également fait les frais de la Coupe du Monde de Football en 2014. L'organisme lança une campagne publicitaire visant à contrer le jeu compulsif, dans laquelle on pouvait voir des enfants discuter de leur équipe favorite.

À la fin du message, l'un d'entre eux mentionne qu'il espère que l'Allemagne va gagner, car son père a misé toutes ses économies sur ces derniers. Évidemment, de nombreuses personnes ont ridiculisé la campagne du NCPG et félicité le père pour sa prédiction puisque les Allemands ont remporté les grands honneurs*.

e) Les événements caritatifs

Plusieurs entreprises vont s'associer à des événements caritatifs qui ont la faveur du public afin de redonner à la communauté et avouons-le, afin d'obtenir de la visibilité et de bénéficier d'un capital de sympathie de la part des consommateurs.

C'est le cas de l'aluminerie Rio Tinto Alcan qui commandite depuis de nombreuses années le Grand défi Pierre Lapointe, une randonnée de 1 000 km à vélo, qui vise à promouvoir les saines habitudes de vie chez les jeunes et à soutenir la recherche sur les maladies héréditaires orphelines.

Certaines entreprises vont apposer le logo de la cause sur leurs outils promotionnels afin de démontrer leur appui, développer des publicités spécifiques ou commanditer une équipe afin qu'elle participe à l'événement.

f) Les évènements religieux

Nous sommes forcés d'admettre que les fêtes religieuses catholiques ont perdu de leur lustre en matière de spiritualité au fil des ans au Canada. Pour un grand nombre de personnes, elles représentent maintenant des occasions de festoyer en famille et entre amis et, par conséquent, des périodes très lucratives pour plusieurs entreprises.

Par exemple, selon Statistiques Canada[91], les Canadiens ont dépensé en 2012, en prévision de Noël, 4,4 milliards de dollars pour des boissons et des aliments, 435,4 millions de dollars pour des jouets, des jeux et des articles de passe-temps, 187,1 millions de dollars pour des cosmétiques et des parfums et 138,8 millions de dollars pour des montres et des bijoux.

Si la plupart des entreprises canadiennes prennent en considération les fêtes catholiques comme Noël et Pâques, elles omettent de considérer celles associées aux autres religions dans leur stratégie marketing.

Pourtant, plusieurs communautés culturelles ont pris de l'ampleur au fil du temps et représentent des pourcentages non négligeables de la population canadienne. Les entreprises auraient donc intérêt à porter attention à ces clientèles en s'intéressant à leurs mœurs et coutumes.

Par exemple, les musulmans vont entamer annuellement un mois de jeûne que l'on nomme ramadan. Durant ce mois sacré, les musulmans vont s'abstenir de manger, de boire et d'avoir des relations sexuelles de l'aube jusqu'au coucher du soleil afin de se consacrer à des activités spirituelles.

Pour faire face aux longues journées de jeûne, les musulmans vont consommer en grande quantité des produits protéinés et caloriques comme de la viande, des produits laitiers, des boissons, des jus, des dattes ou encore du chocolat et des pâtisseries.

En France, le cabinet spécialisé dans les études marketing Solis a estimé à près de 350 millions d'euros les dépenses alimentaires des ménages musulmans durant le ramadan.

Dans certains pays, les heures d'ouverture des commerces sont prolongées afin d'accommoder cette clientèle. Plusieurs entreprises vont également profiter de cette occasion pour lancer des promotions et des offensives publicitaires.

Par exemple, entre le 28 juin et le 27 juillet 2014, les personnes qui envoyaient de l'argent vers la Tunisie, l'Algérie, le Sénégal, le Mali, le Nigeria ou le Burkina Faso (des pays musulmans) chez un agent Western Union participant, courraient la chance, ainsi que leur bénéficiaire, de gagner 500 euros chacun.

PARTAGEZ LA JOIE DE RAMADAN — DU 28 JUIN AU 27 JUILLET 2014, 1 GAGNANT PAR JOUR QUEL QUE SOIT LE MONTANT DE VOTRE TRANSFERT! — 500 € POUR VOUS ET 500 € POUR VOTRE BÉNÉFICIAIRE* — WESTERN UNION WU

Source: Compte Facebook de Western Union

Au Canada, de plus en plus d'entreprises considèrent le ramadan dans leur stratégie marketing puisqu'un peu plus d'un million de personnes, soit 3,2 %[92] de la population, est musulman. Il faut cependant être prudent, car qui dit religion dit risque de polémique.

En juin 2014, le géant Walmart a, par exemple, souhaité un joyeux Ramadan à ses clients musulmans québécois dans sa circulaire promotionnelle et a profité de l'occasion pour promouvoir certains produits.

Walmart a cependant omis de souligner la Fête nationale du Québec qui concordait, à quelques jours près, avec le début du mois sacré. Plusieurs personnes ont alors critiqué sévèrement l'entreprise et partagé leur mécontentement sur différentes tribunes.

g) Les journées thématiques

De plus en plus d'entreprises inscrivent les journées thématiques dans leur calendrier et profitent de l'occasion pour lancer des offensives publicitaires.

C'est le cas de la marque horlogère Suisse Hublot qui profita de la Journée internationale de la femme en 2013 pour lancer une nouvelle campagne de publicité dédiée... aux femmes.

La marque a également profité de l'occasion pour présenter sa nouvelle ambassadrice internationale, soit l'actrice mexicaine Jacqueline Bracamontes Van Hoorde.

Plusieurs de ces journées bénéficient aujourd'hui d'une grande notoriété à travers le monde, comme la Journée internationale des secrétaires. Cette dernière représente d'ailleurs une belle occasion pour les fleuristes et les chocolatiers de rappeler aux dirigeants d'entreprises son existence.

D'autres journées moins connues, comme la Journée internationale des câlins, la Journée internationale sans diète ou encore, la Journée internationale des gauchers, peuvent être tout aussi intéressantes à exploiter.

En Argentine, la compagnie Coca-Cola a profité de la journée internationale de l'amitié pour installer une machine distributrice de 12 pieds de haut qui offrait deux bouteilles de Coca-Cola pour le prix d'une.

Pour bénéficier de cette offre, les gens devaient travailler ensemble puisque la fente pour déposer l'argent se trouvait à environ huit pieds du sol. La réaction des gens a évidemment été filmée et diffusée sur les réseaux sociaux. Au moment d'écrire ces lignes, la vidéo avait été vue par plus de 1,5 million de personnes*.

h) Le « day to day »

Il est important de garder l'œil ouvert et d'être alerte, car chaque jour amène son lot d'opportunités.

Par exemple, au début de l'année 2011, le pont Champlain de Montréal a fait les manchettes après que des médias eurent rapporté, en s'appuyant sur des rapports d'experts, que la structure était fragilisée et qu'elle pouvait s'effondrer.

L'Église catholique de Montréal a alors positionné un panneau publicitaire à l'entrée du pont sur lequel était inscrit : « *Faites votre prière* ». Cette simple phrase faisait évidemment référence au piètre état du pont tout en attirant l'attention des gens sur la semaine sainte et la venue prochaine de la fête de Pâques.

Un autre exemple concerne la fameuse charte des valeurs qui a été proposée par le gouvernement du Québec en 2013 et qui visait à interdire le port de symboles religieux ostentatoires par les employés de l'État.

Cette charte a évidemment fait couler beaucoup d'encre, et ce, dans tout le pays. Le centre hospitalier Lakeridge Health, situé en Ontario (la province voisine), a profité de l'engouement pour produire une publicité visant à recruter du personnel médical.

L'annonce montrait une professionnelle de la santé portant le hijab avec le message suivant : « *We don't care what's on your head. We care what's in it.* » que l'on pourrait traduire par « *On ne se soucie pas de ce qui recouvre votre tête. On se soucie de ce qui est à l'intérieur.* ».

L'Office du tourisme de Québec a, quant à elle, récupéré un fait divers impliquant Michael Bay, le célèbre réalisateur américain à qui l'on doit les films *Transformers* et *Armaggedon*.

En janvier 2014, monsieur Bay fût invité à prononcer une allocution dans le cadre du *Customer Electronics Show* à Las Vegas afin de vanter les mérites d'un nouveau téléviseur de marque Samsung.

Alors que défilaient sur l'écran des images de la Ville de Québec, Michael Bay perdit soudainement ses moyens et s'excusa auprès de son assistance avant de quitter la scène. On apprit par la suite que monsieur Bay avait été victime d'un problème de télésouffleur.

L'Office du Tourisme de Québec profita de cette bourde pour établir un lien direct entre les images de la Ville de Québec et la décontenance de monsieur Bay. Elle publia la lettre suivante sur son site Web pour ensuite en faire la promotion sur les réseaux sociaux.

Le 8 janvier 2014

Monsieur Michael Bay
Réalisateur et auteur des superproductions Transformers et
Armaggedon

Objet : Invitation – Visitez la ville de Québec!

Monsieur Bay,

Si de méchantes langues se sont empressées de commenter votre
performance lors du salon Consumer Electronic Show (CES) de Las
Vegas, sachez que nous, à l'Office du tourisme de Québec,
comprenons la situation.

Ce n'est certes pas une mince tâche de se concentrer lorsque de si
belles images, d'une si belle ville, sont projetées sur un si grand
écran. Mais ne nous éloignons pas du sujet de cette invitation, M.
Bay. Après avoir vécu tant d'émotions en voyant les images de la
capitale nationale sur le nouveau téléviseur ultra-haute définition à
écran incurvé, que diriez-vous de découvrir par vous-même le
Vieux-Québec, le Château Frontenac et le plus grand carnaval
d'hiver au monde, le Carnaval de Québec?

M. Bay, faites-nous l'honneur d'une visite à Québec. Vous serez
notre invité, nous vous accueillerons et saurons vous faire oublier
votre mauvaise expérience au récent salon de l'électronique
mondial... Nous vous offrons deux billets d'avion et l'hébergement
pour le week-end!

Avec la vague de froid actuellement en vigueur aux États-Unis, nul
doute qu'il fera bon venir vous réchauffer à Québec! Au menu :
pentes de ski, hôtel de glace, bons restaurants, endroits
romantiques et points de vue à couper le souffle.

En espérant avoir le plaisir de vous accueillir prochainement à
Québec.

P.S. Nous sommes sérieux. J'attends de vos nouvelles.

André Roy, M.B.A.
Directeur
Office du tourisme de Québec

Évidemment, plusieurs internautes, blogueurs et médias de partout dans le monde reprirent la nouvelle dans les jours qui suivirent, donnant ainsi une grande visibilité à la ville et à l'Office du tourisme de Québec.

2. Identifiez l'objectif

La deuxième étape consiste à vous fixer un objectif publicitaire, car comme l'a si bien dit le philosophe Sénèque, « *Il n'y a pas de vent favorable pour celui qui ne sait où il va* ». Votre objectif publicitaire doit inclure les quatre éléments suivants : une tâche, une cible, un élément de mesure et un délai.

a) La tâche

Dans un premier temps, vous devez définir précisément ce que vous souhaitez accomplir à l'aide de la publicité, comme par exemple augmenter la notoriété de votre entreprise.

Dans son livre *Les plans Marketing*, Malcolm McDonald mentionne que pour être valable, un objectif doit répondre à la question suivante : « *Cet objectif peut-il être atteint uniquement grâce à la publicité?* ».

Si la réponse est *oui*, alors c'est bien un objectif publicitaire. Si la réponse est *non*, alors ce n'est pas un objectif pour la publicité. McDonald ajoute que la publicité au travers des médias peut faire les choses suivantes :

- Transmettre des informations;
- Modifier les attitudes et les perceptions;
- Éveiller des désirs;
- Établir des liens;

- Susciter des actions;
- Rassurer l'acheteur sur le bien-fondé de ses choix;
- Faire mémoriser;
- Donner des raisons d'acheter;
- Démontrer;
- Susciter des demandes d'information.

Comme vous pouvez le constater, augmenter ses ventes ne fait pas parti de cette liste, car comme nous l'avons vu au chapitre 2, plusieurs éléments peuvent venir influencer la décision des gens entre le moment où ils voient la publicité et le passage à l'action.

b) La cible

Votre objectif publicitaire doit définir le profil de la clientèle que vous souhaitez rejoindre. Au minimum, vous devez identifier le sexe, la langue et l'âge des gens que vous souhaitez atteindre, car la plupart des médias segmentent les consommateurs en fonction de ses critères.

Le lieu de résidence devrait également être considéré, car il permet d'identifier la portée de la publicité. En effet, il est inutile d'investir dans un média qui a une portée régionale si votre clientèle habite principalement dans un rayon de 5 km.

Vous pouvez évidemment pousser l'exercice encore plus loin. Par exemple, une entreprise qui vend des sofas à travers l'Europe aurait avantage à s'intéresser aux habitudes culturelles qui prévalent dans chaque pays afin d'adapter sa stratégie.

En effet, une étude de Conforama nous apprend que les Britanniques recherchent un canapé moelleux alors que les Allemands préfèrent un canapé dur comme une banquette. Quant aux Polonais, ils préfèrent un convertible puisque le salon est souvent utilisé comme chambre par les parents.[93]

Bref, plus vous dresserez un profil complet de votre public cible, meilleures seront vos chances de développer des campagnes publicitaires efficaces. Ceci vous permettra également d'éviter certains faux pas, comme dans l'exemple suivant.

Dans son livre *Marketing : l'essentiel pour comprendre, décider, agir*, Marc Vandercammen relate qu'en Afrique du Sud, le fabriquant automobile Toyota a dû cesser une campagne publicitaire télévisuelle, qui mettait en scène un cochon, à la suite des plaintes des Musulmans.

La publicité comparait la sécurité de conduite des véhicules Toyota à la démarche des cochons alors que cet animal est perçu par les Musulmans comme sale et impur. Toyota les remplaça finalement par des poulets.[94]

Pour vous aider, vous trouverez ci-dessous une liste non exhaustive de critères à considérer pour établir le profil de votre public cible.

- L'âge (moins de 18 ans, 18-24 ans, 25-34 ans, 35-44 ans, 45-54 ans, 55-64 ans, 65 ans et plus);
- Le sexe (Féminin ou masculin);
- La langue (français, anglais, espagnole...);
- Le lieu de résidence (rayon de 5 km, 25 km, 50 km, ...);
- Le revenu (moins de 20 000$, 20 001 $ - 34 999$, 35 000$ - 49 999$, 50 000$ - 74 999$, 75 000$ - 99 000$, plus de 100 000$);
- Le niveau de scolarité (primaire, secondaire, collégial ou universitaire);
- L'emploi du temps (étudiant, travailleur, retraité...);

- Les intérêts (littérature, cinéma, théâtre, activités sportives...);
- Les lieux fréquentés (restaurants, centres de conditionnement physique, cinémas...);
- Le statut matrimonial (en couple, marié, célibataire...);
- La composition du foyer (nombre d'adultes et nombre d'enfants);
- Les motivations qui poussent à acheter (prix, qualité, proximité...);
- La fréquence d'achat (quotidienne; hebdomadaire, mensuelle, annuelle...);
- Le comportement d'achat (impulsif ou planifié);
- Le mode d'achat (en ligne ou en magasin);
- Etc.

Vous pouvez évidemment faire cet exercice en vous basant sur votre intuition, mais idéalement, vous devriez valider vos perceptions afin de vous assurer que la réalité ne diffère pas, comme dans l'anecdote suivante.

Il y a quelques années, le propriétaire d'une boulangerie fit appel à mes services étant donné les résultats mitigés de ses précédentes campagnes publicitaires. Lors de notre premier entretien, ce dernier m'expliqua que sa clientèle était majoritairement composée de femmes âgées entre 18 et 44 ans, habitants dans un rayon de 50 km.

Mon premier réflexe fût de lui demander de me prouver ses dires. Incapable, l'entrepreneur me confia qu'il s'agissait d'une perception basée sur ses observations. Étant sceptique de nature, je lui ai recommandé de sonder sa clientèle afin de valider ses propos.

Quelques semaines plus tard, l'homme me fit part des résultats. Sa clientèle était bien composée majoritairement de femmes, mais ces dernières étaient principalement âgées entre 35 et 54 ans et habitaient dans un rayon de 5 km.

Il découvrit également que la proximité du commerce et la qualité de ses produits étaient les principales raisons qui poussaient les gens à fréquenter son établissement, alors que le prix intervenait peu dans la décision d'achat.

À partir de ce constat, l'homme réalisa qu'il dépensait depuis de nombreuses années son argent dans des campagnes publicitaires inefficaces puisqu'il avait mal identifié sa cible. Conséquemment, le média qu'il utilisait était inadéquat, tout comme le message qu'il véhiculait.

Sonder sa clientèle peut demander un certain doigté, car la plupart des gens hésitent à partager leurs données personnelles. On peut déduire le sexe et la langue des gens par simple observation alors que lieu de résidence approximatif s'obtient en demandant le code postal.

Si vous souhaiter que vos clients complètent un sondage et bien vous pouvez leur offrir des incitatifs, comme les restaurants Subway du Canada qui inscrivent la mention suivante sur leur coupon de caisse : « *Veuillez prendre une minute pour répondre à notre sondage au www.dites-leasubway.ca et recevez un biscuit gratuit* ».

Plus subtil, le concours représente une technique tout aussi efficace. En effet, la plupart des gens acceptent de partager de l'information personnelle en échange d'une participation à un concours.

Vous pouvez également obtenir de l'information en retenant les services d'une firme spécialisée en la matière ou bien via un programme de fidélité. Par exemple, Canadian Tire offre une carte à ses clients qui permet d'amasser de l'argent virtuel. Lors de l'enregistrement, l'entreprise exige qu'on lui fournisse certaines informations comme son code postal, son sexe, son âge, etc.

Bref, il existe une multitude de techniques pour collecter de l'information auprès de sa clientèle. Assurez-vous cependant de respecter la vie privée des gens ainsi que les lois en vigueur.

c) L'élément de mesure

Votre objectif publicitaire doit également être quantifiable, c'est-à-dire qu'il doit contenir un élément de mesure qui vous permettra de suivre l'évolution des résultats et surtout, d'évaluer si vous atteint ou non votre objectif à la fin de votre offensive publicitaire.

Par exemple, disons que vous souhaitez augmenter votre notoriété auprès de votre public cible. Vous aurez dans un premier temps à mener une enquête pré-campagne afin de déterminer votre taux de notoriété initial.

Si ce dernier se situe à 20 % et bien votre objectif pourrait être d'atteindre un taux de notoriété de 30 %, soit une augmentation de 10 points. Évidemment, ceci implique que vous aurez à refaire une enquête à la fin de votre offensive publicitaire afin de confirmer ou non l'atteinte de votre objectif.

Dans tous les cas, votre objectif publicitaire doit être réaliste et cohérent avec les ressources dont vous disposez. Il serait par exemple utopique de penser pouvoir rejoindre 50 % des Canadiens avec un budget de 5 000 $.

Un objectif publicitaire trop ambitieux, comme dans l'exemple précédent, vous fera perdre rapidement votre motivation et risque de ne jamais se concrétiser. En d'autres mots, il ne représentera qu'un vœu pieux.

d) Le délai

Votre objectif publicitaire doit finalement contenir une date butoir afin d'éviter de repousser systématiquement vos actions. Posez-vous donc la question suivante : *Dans combien temps est-ce que je souhaite atteindre mon objectif publicitaire?*

Idéalement, le délai ne devrait jamais dépasser une année. Si tel est le cas, déterminez des sous-objectifs afin de respecter cette règle. Par exemple, une entreprise qui souhaite augmenter sa notoriété de 50 % au cours des cinq prochaines années pourrait se fixer comme objectif annuel une augmentation de 10 %.

La date butoir doit également éviter les ambiguïtés. Privilégiez donc les dates précises telles que « *d'ici le 31 mars 2016* » et non les dates approximatives telles que « *d'ici trois mois* » ou bien « *d'ici le début du printemps* ».

Au final, votre objectif publicitaire doit ressembler à la formulation suivante : « *D'ici le 31 mars 2016, je veux faire connaître mon salon de coiffure à 30 % des femmes âgées entre 18-54 ans et habitant dans un rayon de 5 km de mon entreprise* ».

Si tel est le cas, écrivez-le et affichez-le bien en vue, ce qui équivaudra à une forme d'engagement de votre part. Finalement, partagez-le avec l'ensemble de votre équipe afin qu'elle comprenne et partage vos ambitions.

3. Déterminer le budget

La troisième étape consiste à identifier le montant d'argent que vous souhaitez investir en publicité, car la somme allouée viendra inévitablement influencer le choix du média et de la stratégie.

Un budget de plusieurs dizaines de milliers de dollars offre évidemment beaucoup plus de possibilités qu'un budget de quelques milliers de dollars, mais ne garantit en rien le succès d'une offensive publicitaire.

Plusieurs entreprises au budget quasi illimité font d'ailleurs du sur place alors que d'autres trouvent le moyen de se démarquer à peu de frais. C'est le cas de l'assureur néerlandais VrijVerzekerd qui a trouvé une façon originale de promouvoir ses produits d'assurance automobile.

Des agents ont posé des autocollants qui simulaient d'importantes rayures sur des voitures stationnées. En s'en approchant, les propriétaires pouvaient y lire : « *Nous réparons les dégâts aussi facilement que vous enlèverez cet autocollant. Assurez votre voiture chez nous et bénéficiez d'une remise de 10 à 49 %* ».

La réaction des gens a évidemment été filmée à l'aide d'une caméra cachée pour ensuite être diffusée sur You Tube. Après trois semaines, la vidéo s'est classée au 29e rang des vidéos humoristiques les plus vues sur le site de partage aux Pays-Bas.

L'entreprise a également invité les gens à se procurer l'autocollant et à l'apposer sur le véhicule de leurs proches. Tous les autocollants se sont écoulés en moins de deux jours. Une offensive qui a permis de tripler le trafic sur le site web de l'entreprise et qui a coûté moins de 1 000 euros*.

Il existe plusieurs façons de déterminer le budget alloué à la publicité. La plus simple consiste à déterminer un montant fixe. Par exemple, j'investis 5 000 $ pour l'année en cours.

Vous pouvez également allouer un montant d'argent par unité vendue. Un cabinet de dentiste pourrait par exemple consacrer 5 $ à la publicité pour chaque nettoyage effectué dans la bouche d'un patient. Si ce dernier effectue 2 000 nettoyages dans son année et bien il disposera de 10 000 $.

Finalement, vous pouvez déterminer un montant en fonction des ventes ou des profits. Vous pourriez par exemple consacrer 20 % des profits à la publicité. Des profits de 150 000 $ équivaudraient ainsi à un montant de 30 000 $.

Soyez conscient que votre budget devra couvrir non seulement les frais associés à l'achat d'espaces publicitaires, mais également à la conception du message.

En effet, la plupart des entreprises consacrent malheureusement la quasi-totalité de leur budget dans la fréquence et dans le format alors qu'elles ne consacrent que des miettes dans la conception du message.

Rappelez-vous que pour être efficace, une publicité doit non seulement être vue, mais comprise, attribuée et appréciée. Assurez-vous donc de disposer des sommes nécessaires à l'atteinte de cet objectif.

4. Identifier le moment

Contrairement à ce que pensent beaucoup de gens, il est pratiquement impossible de faire de la publicité sur une base annuelle de façon continue et efficace, car ceci demande un budget colossal dont disposent très peu d'entreprises.

Ainsi, oubliez les campagnes miracles que vous promettent certains conseillers publicitaires, comme les formats carte professionnelle que l'on vous offre pour une année complète dans l'hebdomadaire de votre quartier.

Ces campagnes vous offriront effectivement une visibilité annuelle, mais le format minimaliste ne vous permettra en aucun cas d'attirer l'attention de votre clientèle cible et représentera inévitablement un gaspillage d'argent.

Concentrez plutôt votre budget sur une ou plusieurs périodes stratégiques afin d'obtenir un maximum d'impact en terme de fréquence et de visibilité.

Par exemple, Les centres de conditionnement physique, les centres antitabac et les détaillants de produits amaigrissants vont investir massivement en publicité au début du mois de janvier afin de profiter de l'effet résolutions du Nouvel An.

Certaines compagnies spécialisées en nettoyage après sinistre, comme Qualinet, vont, quant à elles, cibler la fin de l'hiver et le début du printemps pour promouvoir leurs services, soit lors de la fonte des neiges où les dégâts d'eau se font plus fréquents.

D'autres vont annoncer en fonction de la température extérieure. C'est le cas de certaines agences de voyages qui vont profiter de l'état d'esprit des gens en période de temps froid et maussade pour promouvoir leurs forfaits sud.

En 2015, L'Équipeur lança une campagne publicitaire au Québec dans laquelle il proposait aux consommateurs une réduction en fonction de la température extérieure. Plus il faisait froid, plus les gens économisaient.

À Londres, une campagne d'affichage extérieur pour un médicament contre la grippe et la toux n'apparaissait que lorsque le mercure tombait sous les 10 degrés Celsius.

Avant d'arrêter votre choix, prenez le temps de réfléchir et d'analyser la situation, car le moment de la diffusion d'une publicité peut grandement influencer le succès de cette dernière.

En 2013, Kevin Keane, cofondateur de la firme Brainsights basée à Toronto, racontait dans le cadre d'une conférence, avoir aidé un fabricant de boissons à augmenter ses ventes de 5 % simplement en déplaçant sa campagne publicitaire à l'été, plutôt qu'à l'automne[95].

Il existe évidemment plusieurs façons d'identifier une période propice au lancement d'une offensive publicitaire, à commencer par l'analyse de l'information qui se retrouve dans votre calendrier.

Existe-t-il des occasions à exploiter qui vous permettraient d'atteindre votre objectif? Par exemple, en 2003, la Brasserie Labatt fut touchée de plein fouet par une grève qui affecta grandement ses ventes.

Afin de reprendre les parts de marché perdues de sa marque Bleue, l'entreprise profita de la campagne électorale fédérale de 2004 pour créer le Parti Bleue, un faux parti politique dont la plateforme électorale avait comme thématique le plaisir.

Un chef fictif du nom de Jonathan Bleu sillonna tout le Québec à bord d'un autobus aux couleurs du parti afin de rejoindre les jeunes. Évidemment, une vaste campagne publicitaire appuya cette initiative hors du commun.

En l'espace de quelques semaines, la Brasserie Labatt récupéra ses parts de marchés et quelques parts supplémentaires furent acquises, ce qui représenta la plus forte progression dans l'industrie brassicole à ce moment*.

Vous pouvez également examiner les stratégies mises en place par les leaders de votre industrie. À quel moment investissent vos compétiteurs? Préconisent-ils des périodes spécifiques?

Une autre façon consiste à utiliser l'outil *Google Tendances des recherches*. Cet outil gratuit (vous n'avez qu'à inscrire le nom de l'outil dans le moteur de recherche) vous permet d'analyser et de comparer des sujets de recherche sur une période donnée.

Par exemple, une pépinière pourrait analyser le mot jardin afin de connaître le moment ou ce mot est le plus recherché dans Google. Dans le cas présent, la semaine du 18 au 24 mai atteint un sommet, comme le démontre le graphique ci-dessous.

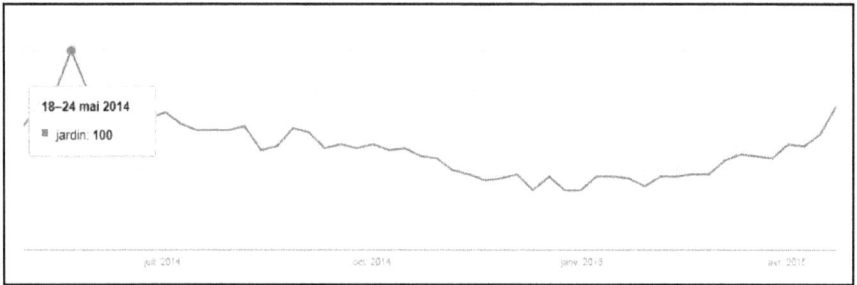

Source : Google Tendances des recherches

En déterminant des thèmes en lien avec votre secteur d'activité et en examinant les périodes auquel ces derniers bénéficient d'un engouement sur *Google Tendances des recherches*, vous aurez un indicateur quant au meilleur moment pour lancer une offensive publicitaire.

Dans tous les cas, n'oubliez pas de consulter votre calendrier avant de confirmer votre choix afin de vous assurer qu'aucun élément ne viendra assombrir votre offensive, comme un congé scolaire ou un événement d'envergure.

5. Sélectionner le média

On me demande souvent quel est le meilleur média pour véhiculer un message. À ceci je réponds, « *Quel est le meilleur repas au monde ?* ». Pour certain ce sera un confit de canard alors que pour d'autres ce sera un filet mignon, un pavé de saumon grillé ou encore des sushis.

En fait, il n'y a pas de réponse qui puisse trouver un consensus, tout simplement parce que chaque personne a des goûts différents. En ce qui a trait au choix du média, ceci dépend non pas de vos goûts, mais de différents éléments tels que l'objectif, la cible et le budget.

En effet, si vous disposez d'un budget de quelques milliers de dollars, vous devez écarter la télévision, car la production du message grugera, à elle seule, la totalité de votre budget.

Avant d'arrêter votre choix, posez-vous la question suivante : Est-ce que mon budget me permet de me démarquer (format, fréquence, etc.) dans ce média ? Si la réponse est non, ce dernier n'est probablement pas approprié, car vous n'obtiendrez peu ou pas de résultats.

Vous devez également vous assurer que le média rejoint la cible que vous avez identifiée préalablement, car à quoi bon rejoindre 50 000 personnes si de ce nombre, seulement 1 000 personnes constituent des clients potentiels. Dans un tel cas, vous aurez payé pour rejoindre les 49 000 autres personnes et par conséquent, vous aurez gaspillé 98 % de votre budget.

Sachez que la plupart des grands médias peuvent vous fournir le profil des consommateurs qu'ils rejoignent. N'hésitez donc pas à demander cette information afin de vous assurer qu'ils correspondent au profil de votre cible.

Nous allons faire un survol des principales possibilités qui s'offrent à vous en termes de médias au chapitre 4. Vous serez ainsi en mesure de mieux comprendre leurs forces et leurs faiblesses et obtiendrez des conseils pratiques qui je l'espère, vous permettront de faire le bon choix.

6. Développer le message

La sixième étape consiste à développer le message publicitaire. Nous allons, dans un premier temps, examiner l'aspect légal pour ensuite nous concentrer sur la structure. Nous terminerons en abordant la notion de la qualité de la langue.

a) L'aspect légal

Il est primordial de connaître certains aspects de la loi avant de développer un message publicitaire. Par exemple, au Québec, un message publicitaire contenant des renseignements faux, trompeurs ou ne présentant pas toute la vérité est illégal.

La loi interdit notamment, d'omettre un fait important ou une information essentielle, de déformer le sens d'une information, de faire valoir un produit en s'appuyant sur une donnée ou une analyse faussement scientifique ou de s'attribuer un statut qu'on ne possède pas.

De même que le prix annoncé doit correspondre au montant total que doit débourser un client pour se procurer un bien ou un service (seules les sommes perçues pour être remises à une autorité publique, comme la TVQ et la TPS, peuvent être exclus du prix affiché)[96].

Vous devez également être conscient que la Loi encadre la publicité destinée aux enfants ainsi que le droit d'auteur.

La publicité destinée aux enfants

Les enfants sont une cible de prédilection pour plusieurs entreprises, notamment parce qu'ils représentent les consommateurs de demain, mais surtout parce qu'ils possèdent un grand pouvoir de persuasion auprès de leurs parents.

Une étude réalisée par Legardère Publicité a d'ailleurs permis de déterminer que les demandes d'achats des enfants étaient, en moyenne, acceptées par leurs parents dans 87 % des cas.[97]

Une autre étude réalisée en France par l'Institut national de prévention et d'éducation pour la santé, vient corroborer cette donnée : 62 % des enfants demandent à leurs parents d'acheter les produits dont ils ont vu la promotion à la télévision et 91 % déclarent obtenir ce qu'ils ont demandé.[98]

On estime que c'est vers l'âge de deux ans que les enfants commencent à solliciter leurs parents à propos de produits de consommation. Avant même de savoir lire, ils seraient capables de reconnaître une centaine de logos d'entreprises.

La prudence est cependant de mise. Plusieurs pays, dont la Suède, la Norvège et le Canada ont légiféré en ce qui a trait à la publicité qui cible les enfants. Au Québec, la Loi sur la protection du consommateur interdit la publicité à but commercial destinée aux enfants de moins de treize ans.

À noter que la mention d'une commandite, d'un soutien financier ou du matériel apporté en échange d'une visibilité, de même que l'utilisation d'un logo ou d'une mascotte pour représenter un bien, un service, un organisme ou une entreprise, constituent un message publicitaire.

L'*Office de la protection du consommateur* (OPC) doit se poser trois questions pour déterminer si une publicité est contraire à la Loi :

1. Le produit est-il destiné à des enfants de moins de 13 ans?
2. Le message imaginé vise-t-il des enfants de moins de 13 ans?
3. La publicité est-elle diffusée dans un lieu et à un moment où ce message peut atteindre les moins de 13 ans?

Les entreprises qui enfreignent cette règlementation s'exposent à des sanctions allant du simple avis à la poursuite pénale. Dans un tel cas, les amendes peuvent atteindre jusqu'à 100 000 $ pour les personnes morales.

En 2007, l'entreprise *Saputo* lançait *Igor*, un petit gâteau en forme de gorille, destiné aux enfants de quatre à huit ans. Pour promouvoir son nouveau produit, l'entreprise cibla plus de 1 000 garderies et centres de la petite enfance (CPE) au pays, dont plus de 200 établissements du Québec.

Ces derniers acceptèrent de distribuer aux enfants et parents des CD, des livrets, des autocollants, des gâteaux *Igor* et des coupons de réduction applicables à l'achat de produit.

L'OPC jugea cette offensive contraire à la Loi et déposa des constats d'infraction contre *Saputo* totalisant 30 chefs d'accusation. L'entreprise plaida finalement coupable à 22 chefs d'accusation et due acquitter une amende de 44 000 $.[99]

En 2009, le géant de l'alimentation General Mills a également reconnu avoir fait de la publicité dirigée directement aux enfants par le biais d'un site Internet inspiré par ses céréales Lucky Charms.

Ce dernier ciblait directement les jeunes enfants et comportait des messages publicitaires à but commercial. L'entreprise dut acquitter une amende de 2 000 $ pour cette infraction.[100]

En 2012, ce fût au tour de Maple Leaf de plaider coupable à cinq chefs d'accusation pour avoir diffusé sur la chaîne de télévision Télétoon, une publicité montrant des enfants en train de manger des hot-dogs de marque Top Dogs, une marque de commerce appartenant à Maple Leaf. L'entreprise dut acquitter une amende de 10 000 $.[101]

Un dernier exemple concerne le géant Coca-Cola qui en 2015, a été reconnu coupable d'avoir ciblé les enfants avec des publicités positionnées dans un jeu d'eau du parc d'attraction La Ronde. L'entreprise a été contrainte de payer une amende de près de 28 000 $.[102]

À noter qu'il existe des exceptions à la Loi au Québec. En effet, il est possible de faire de la publicité à but commercial destiné aux enfants dc moins dc 13 ans dans les trois cas suivants :

- si la publicité est contenue dans un magazine destiné aux enfants, qui est offert sur le marché et publié à des intervalles n'excédant pas trois mois;
- si la publicité a pour objet d'annoncer un spectacle destiné aux enfants;

- si la publicité est constituée par une vitrine, un étalage, un contenant, un emballage ou une étiquette.

Bien évidemment, la loi n'interdit pas la publicité éducative, telles les campagnes sur la sécurité nautique ou sur la nécessité de se brosser les dents.[103]

Le droit d'auteur

Avec l'avènement d'Internet, il est plus facile que jamais d'avoir accès à du contenu, des photos, des images, des trames sonores, des logos ou encore, à des clips vidéos.

Bien que la technologie nous permette de copier aisément ces œuvres, ceci ne veut pas nécessairement dire que nous avons le loisir d'agir de la sorte. Au contraire, utiliser ces œuvres sans avoir obtenu au préalable le consentement de la personne à qui appartiennent les droits peut s'avérer lourd de conséquences, comme en témoignent les exemples suivants.

En 2005, le gouvernement du Québec et l'agence de publicité Amalgame-Cargo Créativité Stratégique ont été condamnés à verser la somme de 69 015 $ à la suite d'une reproduction non autorisée d'une œuvre du peintre René Magritte. Celle-ci avait été utilisée dans le cadre d'une campagne de publicité visant à promouvoir les obligations d'épargnes du Québec.[104]

Selon le *New York Daily News*, Jennifer Lopez et Marc Anthony auraient déposé une poursuite de cinq millions de dollars contre un fabricant de poussettes pour bébé qui aurait utilisé leurs photos sans leur consentement.[105]

En 2012, le groupe de musique Black Keys a déposé une poursuite à la cour de Los Angeles contre deux entreprises, soit Home Depot et Pizza Hut. Ces dernières auraient utilisé sans leur consentement des pièces musicales de leur album *El Camino* dans des concepts publicitaires.[106]

Vous pouvez évidemment retenir les services d'un professionnel (photographe, illustrateur, vidéaste, compositeur, etc.) pour créer des œuvres originales ou utiliser du contenu libre de droit que l'on retrouve notamment sur le web.

En effet, certains sites web permettent de faire l'achat de photos, d'images ou de trames sonores, alors que d'autres offrent gratuitement du contenu libre de droit. Cependant, dans les deux cas, il est primordial de lire attentivement les conditions générales d'utilisation afin de vous assurer de respecter le contrat de licence.

Si vous décidez plutôt de créer votre propre contenu, c'est-à-dire de prendre vous-même des clichés ou de tourner des clips promotionnels à des fins commerciales, assurez-vous d'obtenir le consentement des gens impliqués ou faites en sorte qu'il soit impossible de les identifier afin d'éviter des poursuites judiciaires

En 2005, un député du Bloc québécois s'est fait photographié lors d'une réception en compagnie d'une femme d'origine soudanaise. La dite photo s'est ensuite retrouvée dans un dépliant électoral alors que la femme n'avait jamais donné son consentement.

Se sentant lésée, celle-ci déposa une requête en cours pour un montant de 40 000 $. Elle obtint finalement un dédommagement de 7 000 $.

Outre les personnes, certains lieux ou certaines œuvres peuvent également être protégées par le droit d'auteur, comme en témoigne l'exemple suivant.

En 2003, un artiste cubain a déposé une poursuite d'environ 400 000 $ contre Sears Canada et son agence de publicité pour avoir utilisé illégalement une série d'affiches. Le plaignant allégua que les affiches que l'on pouvait apercevoir en arrière-plan d'une publicité étaient des copies d'œuvres qu'il avait produites durant les années 60 et 70.[107]

Pour en apprendre davantage sur le sujet, je vous invite à prendre connaissance de la Loi sur le droit d'auteur en visitant le site web du gouvernement du Canada. Vous pouvez également consulter un avocat spécialisé en la matière en cas de doutes.

b) La structure

Outre l'aspect légal, un message publicitaire doit respecter une structure. Personnellement, je vous suggère d'utiliser la méthode A.I.D.A. Utilisée depuis plus de 100 ans, cette dernière représente l'acronyme des quatres mots suivants : *Attention, Intérêt, Désir* et *Action.*

Attirer l'**A**ttention

Un message publicitaire doit dans un premier temps attirer l'attention de la cible visée. Il est possible d'atteindre cet objectif en utilisant des sonorités originales, des contrastes attrayants ou des formats de grandes dimensions ou hors normes, comme dans l'exemple suivant.

Vous pouvez également utiliser des images, car notre cerveau les traites beaucoup plus rapidement qu'un texte. Une photo d'une personne peut par exemple nous renseigner instantanément sur le sexe, l'âge, l'humeur, la race, le statut social ou encore sur le poids de cette dernière.

De plus, contrairement aux mots, les images ne sont soumises à aucune barrière en ce qui a trait à la langue et aux compétences académiques. En effet, plusieurs personnes éprouvent de grandes difficultés à lire un texte ou à saisir le sens d'une phrase.

Selon l'Institut de statistique de l'UNESCO, 781 millions de personnes à travers le monde sont analphabètes. Au Canada, ce sont 9 millions de personnes ou 42 % de la population âgée de 16 à 65 ans qui ont de très faibles ou de faibles compétences en lecture.[108]

L'image est également très efficace pour augmenter le taux de mémorisation d'une publicité. Dans son livre *500 images clés pour réussir vos publicités*[109], Luc Dupont mentionne que selon le chercheur Paul Almasy, les publicités à dominance image sont mémorisées par 41 % plus de lecteurs que les publicités à dominance texte.

Il ajoute que la firme de recherche Starch a découvert que les textes publicitaires sont lus en moyenne par 9 % seulement des lecteurs et qu'il est ainsi désormais *illusoire* de penser persuader le consommateur sans l'apport du visuel.

L'image sélectionnée doit cependant répondre à certains critères pour attirer l'attention de la cible visée. Par exemple, une photo en couleur retient en moyenne votre regard pendant un peu plus de 2 secondes tandis qu'on ne consacre que 2/3 de seconde à une image en noir et blanc.[110] Elle doit également occuper au minimum 50 % de l'espace et être en synergie avec le message véhiculé.

Que ce soit par l'image, par une sonorité, par un contraste ou par le format, cherchez à développer des messages publicitaires qui se démarqueront des autres. En d'autres mots, cherchez à être la pomme lignée dans le pommier, comme nous l'avons vu au premier chapitre.

Susciter l'**I**ntérêt

Après avoir obtenu l'attention du consommateur vous devez maintenir son intérêt. En imprimé, c'est généralement le rôle du titre. Son rôle est crucial, car on estime qu'environ 80 % des gens lisent uniquement les titres.

Ce dernier doit être en évidence, pertinent, clair et compréhensible et, par conséquent, il ne doit pas comporter de mots complexes, de jargon interne ou faire les frais d'un jeu de mots maladroits.

L'entreprise italienne Geox a très bien compris cette règle en martelant continuellement le même argument pour vendre sa gamme de chaussures innovantes, soit *The Shoes That Breathes* (Des souliers qui respirent).

Les négations telles que « *ne* », « *non* », « *pas* », « *jamais* » et « *rien* » sont également à proscrire. Pascal Pelletier, concepteur-rédacteur publicitaire, rappelle qu'il y a quelques années, la Banque Nationale du Canada utilisa le slogan « *On n'est pas la première banque au Québec pour rien* ». En peu de temps, elle le remplaça par « *La première banque au Québec* ».

Utilisez des mots à connotation positive, comme gratuit, économiser, confiance, sécurité, résultat, garantic, nouveau, amour, prouvé, etc. Le mot « *vous* » est également très puissant, car il permet d'interpeller directement le client.

Finalement, vous devez savoir que les titres courts sont généralement plus efficaces que les titres longs. Par contre, comme le mentionnent Claude Cossette et Nicolas Massey dans le livre

Comment faire sa publicité soi-même[111], si l'axe est intéressant et si la structure syntaxique est appropriée, le titre retiendra les cibles jusqu'à la fin, qu'il contienne 10 ou même 20 mots.

Ces derniers ajoutent qu'il faut quand même savoir que la mémoire immédiate ne peut retenir que sept ou huit unités d'information, lesquelles représentent tout au plus une douzaine de mots.

Provoquer le **D**ésir

Après l'intérêt vient le désir. Vous devez présenter des arguments en lien avec votre objectif qui sauront convaincre la cible visée. Vous pouvez expliquer les caractéristiques de votre produit, rappeler ses avantages et ses bénéfices, démontrer votre avantage concurrentiel, etc.

Dans la publicité suivante, DuProprio provoque le désir à l'aide d'un argument qui vient appuyer le titre, soit « *Grâce au service d'assistance juridique téléphonique, obtenez les conseils de nos notaires sur la vente de votre propriété* ».

Remarquez bien que DuProprio s'en tient à un argument principal dans cette publicité alors qu'il aurait pu positionner l'ensemble de son offre. Ceci évite de surcharger inutilement la publicité tout en permettant de cibler un segment de la population.

En effet, dans le cas qui nous concerne, DuProprio tente de rassurer les gens qui hésitent à faire appel à ses services. Dans d'autres publicités, l'entreprise va plutôt miser sur le fait qu'en vendant soi-même sa propriété, on évite de payer une commission à un agent immobilier.

Bref, si vous avez deux arguments principaux à transmettre, songez sérieusement à développer deux publicités distingues.

Pousser à l'**A**ction

Votre message doit finalement pousser les gens à l'action en fonction de votre objectif. Vous pouvez par exemple afficher vos coordonnées, l'adresse de votre site Web, offrir un coupon-rabais, un échantillon ou une prime, etc.

Vous pouvez également conclure avec une phrase impérative telle que : *Contactez-nous, Visitez-nous, Visitez notre site Web* ou bien *Obtenez un rabais.*

Finalement, n'oubliez pas de positionner stratégiquement votre logo ou de mentionner le nom de votre entreprise à quelques reprises afin que les gens puissent attribuer votre publicité.

c) La qualité de la langue

En dernier lieu, je vous recommande d'apporter une attention particulière à la qualité de la langue employée dans vos messages publicitaires.

Selon une étude du cabinet de recrutement Robert Half, 5 % des recruteurs écarteraient un candidat après avoir décelé une faute d'orthographe dans son curriculum vitae et 35 % à partir de deux ou trois fautes.

Il en va de même pour un message publicitaire. Rappelez-vous qu'une image vaut mille mots et que les gens jugent ce qu'ils voient. Si votre publicité contient des erreurs de syntaxe ou des fautes d'orthographe, bon nombre de personnes risquent de remettre en question vos compétences et votre crédibilité.

Bref, révisez vos textes publicitaires avant de les diffuser afin d'éviter de perdre la confiance des gens et/ou de faire les manchettes, comme ce fût le cas pour les Éditions Hachette qui publient le BLED, un manuel d'orthographe, grammaire et conjugaison.

En 2013, une collaboratrice du Canard de Jean Bart, un site indépendant d'actualité dunkerquois, a pris le cliché d'une publicité pour le BLED[ix] qui contenait... une erreur d'orthographe. On pouvait y lire : « *BLED en français, en langues, en philo pour vous accompagnez toute l'année* ».[112]

La photo a évidemment été publiée sur les réseaux sociaux ou les internautes se sont amusés de l'ironie de la situation. En peu de temps, la photographie a été partagée plus de 800 fois sur Facebook et a fait le « *buzz* » sur Twitter.

La direction marketing des Éditions Hachette a finalement reconnu avoir omis la correction d'une coquille et corrigea la situation. N'empêche que la crédibilité de l'ouvrage a été remise en question par plusieurs personnes suite à cette bévue.

Un autre exemple concerne la candidate libérale Lucie Gagnon qui a fait parvenir aux électeurs de sa circonscription un dépliant publicitaire truffée de fautes lors des élections fédérales de 2015.

Plusieurs médias du Québec ont soulevé la problématique, écorchant au passage la crédibilité de la candidate. Cette dernière a finalement terminé la course en deuxième position, soit derrière le candidat du Bloc Québécois, et ce malgré que les libéraux aient pris majoritairement le pouvoir au Canada.

Vous devez également être alerte au niveau de la traduction de vos textes. Si vous prenez la décision de produire une publicité dans une langue qui vous est peu familière et bien de grâce, embauchez un traducteur professionnel et idéalement, obtenez un deuxième avis de la part d'un réviseur.

[ix] Manuel d'orthographe, grammaire et conjugaison

Malgré toutes les ressources dont elle dispose, la Ville d'Ottawa n'a probablement pas suivi ce conseil. En 2013, à l'occasion de l'Halloween, une publicité fût diffusée dans des quotidiens anglophones et francophones de la région de la Capitale nationale afin d'inviter les gens à venir rencontrer le maire de la ville d'Ottawa.

Le titre utilisé dans la version anglaise de la publicité était le suivant : « *Trick or Treat with the mayor* ». « *Trick or Treat* » est une expression populaire très répandue auprès des anglophones. Les enfants l'utilisent lorsqu'ils sonnent aux portes le soir de l'Halloween afin de recevoir des friandises.

Le problème est au niveau de la version française que l'on retrouve ci-dessous. L'expression « *Trick or Treat* » a été traduite ainsi : « *Friandises ou bêtises avec le maire* ». S'agit-il d'une invitation à venir crier des bêtises au maire? Chose certaine, je n'ai jamais entendu cette expression en français!

Cette mauvaise traduction vient évidemment miner la crédibilité de la Ville d'Ottawa, puisque cette dernière se doit d'offrir des services en français et en anglais étant donné son statut de Capitale nationale du Canada.

Malgré tout, cette bévue est plutôt loufoque alors que dans certains cas, les conséquences peuvent s'avérer beaucoup plus dommageables, comme le démontre les deux exemples suivants.

Il y a plusieurs années, une simple erreur de lettre dans la traduction du slogan de Coca-Cola a semé la controverse à Cuba. Au lieu de « *Tome Coca-Cola* » (« *Prenez Coca-Cola* »), on pouvait lire « *Teme Coca-Cola* » (« *Craignez Coca-Cola* »).

Plus récemment, l'atelier allemand Avus Performance a publié un communiqué de presse afin de présenter sa nouvelle voiture Audi RS6 V10 sous le nom « *Audi WHITE POWER* ».

De nombreuses personnes ont sévèrement critiqué l'entreprise puisque « *White Power* » est un slogan racisme utilisé par des groupes imprégnés d'idéologie néonazie.

L'entreprise émis rapidement un deuxième communiqué de presse afin de s'excuser. Elle affirma qu'il s'agissait d'une erreur commise par son agence de publicité qui avait mal traduit le nom du projet de l'allemand à l'anglais.

7. Évaluer l'offensive

La dernière étape consiste à évaluer sa campagne publicitaire, et ce, à deux niveaux, soit avant et après la diffusion.

a) Avant la diffusion

Chaque jour amène son lot de publicités inefficaces ou controversées qui doivent être retirées, comme l'illustrent les exemples suivants.

En 2008, Pepsi présenta ses excuses après qu'une publicité, faisant la promotion de la boisson Pepsi Max, ait été condamnée par des groupes de prévention du suicide. La campagne publicitaire montrait une calorie qui tentait de mettre fin à ses jours de différentes façons.

En 2014, la marque de desserts laitiers Danette lança une campagne publicitaire intitulée « *Tous Danette* » dans laquelle on pouvait apercevoir des familles de race blanche ainsi qu'une famille de race noire vivre des moments heureux.

Plusieurs personnes accusèrent la compagnie de raciste puisque la famille de race noire portait des costumes d'animaux alors que les familles de race blanche se retrouvaient en ski ou en vacances à la mer. La compagnie s'excusa sur ses comptes Twitter et Facebook et retira rapidement le visuel incriminé.

Toujours en 2014, une succursale de Pizza Hut et une boutique pour animaux lancèrent une publicité en Australie dont le message était : « *À l'achat de 10 pizzas, obtenez un petit animal* ».

Face aux nombreuses critiques, la maison-mère s'excusa et fit retirer la publicité en question tout en précisant qu'elle n'avait jamais donné son aval à cette offensive. La boutique pour animaux précisa, quant à elle, qu'il manquait un mot à l'affiche et qu'on aurait plutôt dû lire « *recevez un ensemble pour un petit animal* ».

Plusieurs situations de ce genre pourraient être évitées si seulement les entreprises prenaient le temps d'évaluer leurs publicités auprès d'un groupe échantillon avant de les diffuser.

En agissant de la sorte, vous vous assurerez que vos publicités sont comprises, appréciées et attribuées par votre public cible. Si ce n'est pas le cas, vous pourrez apporter les correctifs nécessaires pendant qu'il est encore temps.

Vous pouvez réaliser cet exercice en interviewant des gens individuellement ou sous forme de focus group, c'est-à-dire en réunissant quelques personnes autour d'une table.

Vous pouvez également organiser des focus groups via des forums sécurisés sur le web. Ceci permet d'économiser sur les frais de déplacement et de logistique en plus de permettre de rassembler des gens éloignés géographiquement.

Je vous suggère d'éviter de sonder l'opinion des gens à l'égard de vos concepts via les médias sociaux, car vous pourriez rapidement perdre le contrôle, comme le démontre l'exemple suivant.

En 2013, l'agence Innocean Woldwide développa un concept publicitaire afin de promouvoir la nouvelle voiture, fonctionnant à l'hydrogène, du constructeur automobile sud-coréen Hyundai.

La vidéo mettait en scène un homme tentant de se suicider dans son garage à l'aide du tuyau d'échappement de sa voiture. Comble de malchance, son véhicule à l'hydrogène n'émettait que des particules d'eau, donc impossible pour lui de passer à l'acte.

L'agence décida de tester son concept auprès des gens via le site de partage de vidéos You Tube. En l'espace de quelques heures, la publicité devint virale et souleva la colère de nombreux internautes, si bien que Hyundai dû s'excuser, tout comme l'agence qui déclara que cette publicité n'était censée être en ligne que pour une seule journée.

Les gens interrogés doivent être représentatifs de votre clientèle cible et idéalement, n'avoir aucun lien avec vous. En effet, les membres de votre entourage peuvent parfois hésiter à vous faire part de leurs commentaires sous prétexte de ne pas vouloir vous déplaire.

Finalement, restez alerte jusqu'à la dernière minute, car certains faits d'actualité peuvent parfois venir assombrir le lancement d'une offensive publicitaire. Par exemple, en 2014, une agence de publicité développa une campagne publicitaire afin de promouvoir la macabre et populaire série américaine Sleepy Hollow.

L'agence décréta la journée du 2 septembre « *Journée sans tête* » et fit parvenir des publicités promotionnelles aux journalistes. Pratiquement au même moment, on apprit le décès de Steven Sotloff, un journaliste américain décapité par des membres de l'État islamique. Évidemment, l'agence s'excusa pour cette malencontreuse coïncidence et offrit ses condoléances aux familles éprouvées.

b) Après la diffusion

Lorsque votre campagne publicitaire sera terminée, vous devrez évaluer son impact et déterminer si vous avez atteint ou non votre objectif.

Une augmentation du trafic sur votre site Web, de même qu'une augmentation de votre achalandage et de vos ventes, peuvent signifier que vos efforts ont porté fruit. Vous devez cependant être prudent si vous vous fiez uniquement à ce dernier critère, car comme nous l'avons vu précédemment, plusieurs facteurs peuvent venir influencer les ventes d'une entreprise.

Si votre objectif vise à augmenter votre notoriété ou à changer la perception des gens, le sondage est la meilleure option qui s'offre à vous. Ceci implique que vous devrez faire un sondage (ou confier ce mandat à une firme spécialisée) avant et après votre campagne afin de comparer les résultats.

Pour être efficace, un sondage doit être mené auprès d'un échantillon de votre public cible. La taille de ce dernier variera en fonction du niveau de précision que vous souhaitez obtenir.

Comme le démontre le graphique suivant, un échantillon de 50 personnes vous donnera une marge d'erreur de 13,86 %, et ce, 19 fois sur 20.

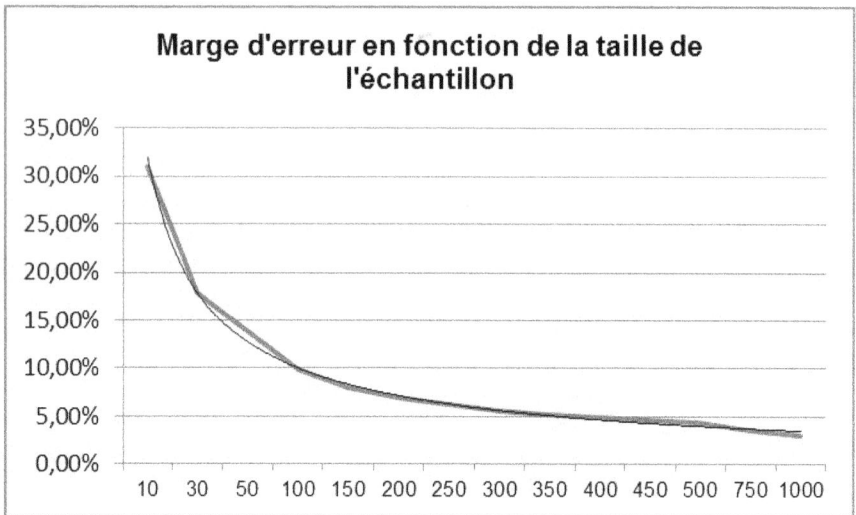

Marge d'erreur en fonction de la taille de l'échantillon

C'est donc dire que si vous interviewez 50 personnes et que vous obtenez comme résultat un taux de notoriété de 40 %, ce chiffre pourrait, en réalité, varier de plus ou moins 13,86 %.

Votre sondage doit également permettre à l'ensemble des gens constituant votre public cible d'obtenir une chance égale de participer, ce qui implique que votre échantillonnage devra notamment être constitué de gens interviewés à différents moments.

Vous pouvez effectuer votre sondage par téléphone ou bien en personne. Vous pouvez également utiliser une plateforme web, comme SurveyMonkey, pour concevoir un sondage et ensuite le diffuser sur les réseaux sociaux, comme Facebook qui vous permet de cibler les gens selon certains critères (sexe, âge, lieu de résidence, etc.).

Cette dernière méthode demeure cependant moins efficace que le téléphone en terme de fiabilité, car, bien qu'ils soient très populaires, aucun réseau sociaux ne rejoint 100 % de la population, ce qui implique qu'aucun n'offre une chance égale de participer à tout le monde.

Finalement, sachez qu'un sondage doit idéalement comporter tout au plus une dizaine de questions. Ces dernières doivent être claires, simples et compréhensibles afin d'éviter toute ambiguïté.

Bref, il existe plusieurs façons d'évaluer l'impact d'une campagne publicitaire. Tout dépendra de votre objectif initial et du degré d'exactitude que vous souhaitez obtenir.

Dans tous les cas, documentez la méthode utilisée afin de donner de la crédibilité à vos résultats et surtout, d'être en mesure de reproduire le même exercice par la suite. Vous serez ainsi en mesure de comparer des pommes... avec des pommes.

En conclusion

Nous venons de voir les principales étapes à suivre pour développer une offensive publicitaire. Il ne vous reste plus qu'à bâtir votre plan tout en prenant soin de suivre les sept commandements décrit dans le premier chapitre. Vous pouvez également consulter le chapitre suivant qui fait un tour d'horizon des principaux médias disponibles sur le marché.

CHAPITRE 4 : PRINCIPAUX MÉDIA

Choisir le bon média est un casse-tête pour bon nombre d'entreprises. Et pour cause, car uniquement au Québec, on dénombre plus de 300 magazines, environ 200 hebdomadaires, plus d'une centaine de stations de radio, une trentaine de stations de télévision et une dizaine de quotidiens.

Ajoutons à cela tous les types d'affichage disponible sur le marché, Internet ainsi que l'ensemble des moyens de communication non traditionnels et on obtient des milliers de possibilités.

Dans les pages qui suivent, nous allons passer en revue les principales options qui s'offrent à vous en matière de média. Vous y trouverez des conseils pratiques ainsi que plusieurs exemples de stratégies provenant de partout dans le monde qui je l'espère, vous inspireront.

LA RADIO

L'écoute de la radio croit avec l'âge. Ainsi, au Canada, les personnes âgées de 65 ans et plus en sont les plus grands consommateurs. On note également que les femmes passent plus de temps à écouter la radio que les hommes.

Selon Statistique Canada[113], les hommes écoutent, dans une plus grande proportion que les femmes, les radios parlés et celles qui diffusent de la musique rock, alors que les femmes préfèrent celles qui diffusent de la musique contemporaine et de détente.

Notons également que la radio est plus écoutée en semaine avec des pointes le matin et en fin d'après-midi, soit entre 6 h et 10 h ainsi qu'entre 15 h 30 et 17 h 30.

Principales forces

La radio arrive en deuxième place, tout juste derrière le cinéma, en ce qui a trait à l'évitement publicitaire. En effet, seulement 31 % des gens ignorent complètement la publicité à la radio contre 43 % pour les magazines, 46 % pour les journaux et 49 % pour la télévision. [114]

De plus, les coûts de production sont minimes, en comparaison à d'autres médias comme la télévision, puisqu'il est possible de jouer sur l'imaginaire des gens simplement par le biais de sons et de paroles.

Par exemple, il y a quelques années, le gouvernement du Québec a produit une publicité dans laquelle nous pouvions entendre et imaginer une scène de rage au volant.

Il est également possible de mettre à profit l'auditeur en créant un message interactif, comme le fit l'agence de communication MACHINE afin de promouvoir le Red Bull Campus Clash, un concours de DJ amateurs.

Les auditeurs pouvaient mixer la publicité en jouant avec les balances (gauche et droite) de leur radio. Cette offensive originale contribua à augmenter de 240 % les inscriptions à l'événement et de 300 % le nombre de visiteurs*.

L'agence CLM BBDO a, elle aussi, utilisé les balances de la radio, mais de façon différente. Son client, Mercedes-Benz, souhaitait promouvoir sa technologie exclusive Splitview qui permet au conducteur de suivre le GPS pendant que le passager regarde un film.

L'agence a donc imaginé un message radio qui délivre une information différente selon la position assise de la personne dans le véhicule*.

La radio est un média souple qui permet de créer et de mettre en ondes une publicité en très peu de temps. Tout comme il est possible de modifier un message en seulement quelques heures.

Sans compter que la radio est souvent le dernier média auquel nous sommes confrontés avant de faire un achat, ce qui peut représenter un avantage considérable pour une entreprise.

Une étude[115] mené en Belgique par GFK a d'ailleurs permis de constater que 37 % des gens écoutent la radio dans les deux heures qui précédent une visite au supermarché et 62 % écoutent la radio pendant le trajet.

Au total, ce sont donc 71 % des gens qui écoutent la radio dans les deux heures précédents et/ou pendant le trajet pour se rendre à l'épicerie.

On observe un comportement similaire au Canada, notamment parce que la plupart des gens se déplacent à l'aide de leur voiture personnelle. En effet, une étude[116] menée par VisionCritical a déterminé que 51 % du temps consacré à l'écoute de la radio par les canadiens se fait dans la voiture.

La radio représente donc un excellent média pour créer un sentiment d'urgence. En ce sens, elle est idéale pour annoncer une ouverture officielle, une vente trottoir, des soldes, etc.

Principales faiblesses

La radio est l'unique média de masse qui n'offre aucun visuel. Elle n'est donc pas adaptée aux entreprises qui souhaitent montrer quelque chose. De plus, pour certains, cette caractéristique représente un défi en termes de création.

Notons également que l'écoute de la radio se fait généralement au travail ou en parallèle à la pratique d'une activité, comme la conduite, la cuisine ou l'entraînement physique. L'attention des auditeurs est donc partielle, ce qui implique que leur niveau de compréhension l'est tout autant.

Principaux formats

Outre les formats publicitaires traditionnels de 10, 15, 30 et 60 secondes, la radio offre plusieurs possibilités aux annonceurs. En voici quelques exemples.

La publicité insérée dans la programmation

En 2007, Astral Media Radio (aujourd'hui Bell Média) lança le format publicitaire « *5 secondes chrono* ». Il s'agit d'un message inséré dans la programmation et diffusé entre deux chansons, de l'animation ou une identification de la station. Selon l'entreprise, ces micropubs ont l'avantage, par leur format et leur positionnement stratégique, d'attirer l'attention et de se démarquer des autres publicités radio.[117]

La commandite

La commandite peut s'avérer efficace pour rejoindre les travailleurs. En effet, pour environ le tiers des adultes québécois, la radio est le média consulté en premier le matin pour obtenir de l'information relative aux nouvelles locales, à la météo et à la circulation.

En 2006, la bière Sol commandita les bulletins de météo d'une station de radio. Le message variait selon la température extérieure. Ainsi, lorsque les probabilités de pluie dépassaient 20 %, le texte lu en ondes précisait, de façon humoristique, que Sol se dissocie de telles prévisions.[118]

L'offre exclusive

Il est possible d'établir un partenariat afin d'offrir une offre exclusive aux auditeurs d'une station de radio. Par exemple, tous les lundis de l'été 2014, un rabais et un pop-corn gratuit ont été offerts aux gens qui mentionnaient le nom de la station NRJ à l'entrée du Ciné-Parc Templeton situé à Gatineau.

Le direct

Cette technique consiste à faire des capsules promotionnelles en direct sur les lieux d'une entreprise ou d'un événement. Le but est d'attirer les consommateurs sur place dans les minutes ou les heures qui suivent. Plusieurs entreprises, dont des détaillants de meubles et des concessionnaires automobiles, utilisent cette méthode.

Le concours

Le concours permet aux stations de radio de conquérir et de fidéliser ses auditeurs. Voilà pourquoi elles recherchent continuellement, et ce, particulièrement en période de sondage, des entreprises qui accepteront de remettre un prix en argent ou en marchandise en échange de publicité.

La chronique

Certaines stations de radio offrent la possibilité d'animer une chronique quotidienne ou hebdomadaire sur un sujet bien précis. Par exemple, un conseiller hypothécaire pourrait animer une chronique immobilière dans laquelle il offrirait des conseils pratiques. Idéale pour gagner de la notoriété et de la crédibilité.

CINQ CONSEILS PRATIQUES :

1. Cherchez à attirer l'attention des gens dès les premières secondes. Par exemple, il y a quelques années, la Ville de Gatineau lança une campagne radiophonique afin de promouvoir l'arrivée de ses bacs de recyclage roulants. Dès les premiers instants, on pouvait entendre un couple de personnes discutées de leur B.B. (bacs bleus) : « *Chéri, as-tu mis le B.B. au chemin?* »;

2. Évitez de mentionner des adresses civiques peu connues. Jouez plutôt sur le fait que vous êtes situé à proximité d'un établissement de renom ou d'un axe routier principal;

3. Tel que mentionné précédemment, l'attention des gens est généralement partiel lorsqu'ils écoutent la radio. En ce sens, répétez, répétez et répétez votre message. Faites de même avec le nom de votre entreprise afin de faciliter l'attribution de la publicité;

4. Évitez de prendre la voix « *commerciale* » de la station de radio pour vos publicités. Cherchez plutôt à vous démarquer, comme la compagnie *Sleeman* qui utilisa la voix de son président-directeur général il y a de cela quelques années. Ce dernier parlait français avec un accent anglais, permettant ainsi de créer un contraste avec les

autres publicités. L'entreprise terminait également tout ses spots publicitaires par une ritournelle. Cette technique est également très efficace, puisqu'elle permet de créer une identité sonore qui facilite l'attribution à la marque;

5. Finalement, profitez de la souplesse qu'offre la radio pour modifier fréquemment votre message.

LA TÉLÉVISION

Au Canada, environ 98 % des ménages possèdent au moins un téléviseur et l'écoute moyenne par individu se situe à 27,9 heures par semaine[119].

Les gens âgés et les femmes regardent davantage la télévision et le niveau de scolarité influence grandement le temps passé devant l'écran : 28,1 % des gens ayant complété des études de niveau universitaire écoutent trois heures et plus de télévision par jour contre 40 % pour le collégial, 52,1 % pour le secondaire et 60,7 % pour le primaire.[120]

De plus, l'écoute se fait principalement en soirée. Une étude commandée en partenariat par Téléfilm Canada, le Fonds des médias du Canada et la Société de développement des entreprises culturelles (SODEC), a démontré que seulement 10 % des canadiens regardent des films et des séries entre 6 h et 12 h alors que 69 % le font entre 18 h et 6 h.

On note également des variations en matière d'écoute selon les saisons et la température extérieure. En effet, on note une baisse de l'audience en période estivale et lors des journées chaudes et ensoleillées. On remarque l'effet contraire en période hivernale et lors des journées froides et pluvieuses.

À titre d'exemple, le 27 avril 2009, il a fait 29°C et l'écoute de la télévision a diminué de 8,5 % par rapport au lundi précédent. Quelques jours plus tard, alors que le temps était pluvieux, on observa une hausse de l'écoute de l'ordre de 8,6% par rapport à la même journée de la semaine précédente[121]

Principales forces

La télévision est multisensorielle, c'est-à-dire qu'elle permet l'utilisation du son, de l'image et du mouvement en simultané.

De plus, elle permet de rejoindre un très vaste public en très peu de temps. Par exemple, au Québec, l'émission la Voix atteint des pointes d'écoute de plus de 3 millions de téléspectateurs.

Considérée comme un média de prestige, elle est très efficace pour se bâtir une image de marque, pour modifier la perception des gens ou encore, pour lancer un nouveau produit sur le marché.

La télévision offre également une grande variété de canaux spécialisés dans des créneaux aussi variés que le sport, l'information, l'histoire, la cuisine ou encore la musique, permettant ainsi de cibler un groupe d'individus.

Par exemple, les gens plus âgés regardent davantage les canaux d'information en continu, les jeunes apprécient les canaux spécialisés de musique alors que les hommes âgés entre 18 et 54 ans composent principalement l'auditoire des canaux de sports.

De plus, les avancées technologiques des dernières années offrent de nouvelles possibilités. La qualité de l'image s'est grandement améliorée avec l'arrivée de la Haute définition (HD), ce qui permet aux annonceurs de montrer des détails difficilement percevables en définition classique.

Et ceci n'est rien en comparaison de la nouvelle technologie 4K (aussi appelé Ultra HD) qui offre une résolution quatre fois supérieure à la HD conventionnelle et qui devrait être adoptée par les grands réseaux au cours des prochaines années. Tout comme la technologie 3D qui va s'améliorer et se démocratiser.

On voit également de plus en plus de gens se procurer un téléviseur connecté à Internet. Cette technologie améliore l'expérience en permettant aux annonceurs de diriger le téléspectateur vers du contenu enrichi en plus d'offrir une meilleure intégration des réseaux sociaux.

Principales faiblesses

En contrepartie, la télévision n'est pas à la portée de toutes les bourses. À elle seule, la production d'un message publicitaire peut varier de quelques milliers de dollars à plusieurs centaines de milliers de dollars. Certaines productions dépassent même le cap du million de dollars.

Par exemple, en 2014, Loto-Québec investi 1,5 millions de dollars pour produire une publicité visant à promouvoir la loterie Lotto Max, ce qui en fait la plus dispendieuse de l'histoire de la société d'État.[122]

Le coût associé à la diffusion d'un message peut, lui aussi, valoir son pesant d'or. Une publicité réseau de 30 secondes diffusée durant l'émission « *Tout le monde en parle* », sur les ondes de Radio-Canada, coûte environ 15 000 $. Et ceci n'est rien en comparaison du 4,5 millions de dollars exigés par le réseau NBC pour un trente secondes de publicité durant le 49e SuperBowl.

La télévision fait également face à un important défi, soit l'évitement publicitaire. Plusieurs personnes profitent des pauses commerciales pour changer de poste ou pour vaquer à d'autres occupations.

De plus, bien qu'elle soit majoritairement écoutée en direct, de plus en plus de gens font le choix d'écouter leurs émissions en différé, notamment par le biais d'un enregistreur numérique portable (ENP).

Cet appareil permet de stocker, sur un disque dur, des émissions de télévision et de sauter les messages publicitaires. En 2009, 14,1 % des foyers canadiens possédaient un tel appareil. À peine quatre ans plus tard, la proportion atteignait 46,8 % de la population.[123]

Une étude[124] réalisée par Harris/Decima pour le compte du Conseil de la radiodiffusion et des télécommunications canadiennes (CRTC) révèle que les femmes et les gens âgés entre 18 et 34 ans sont de grands utilisateurs de cette technologie.

Ce phénomène est plutôt inquiétant pour les annonceurs, car des études auraient démontré que plus de 50 % des utilisateurs d'ENP sautent les publicités.

Finalement, la télévision offre très peu de souplesse. En effet, la production d'un message peut prendre plusieurs semaines à réaliser alors que le placement média doit être planifié longtemps d'avance, puisque l'inventaire disponible est dans bien des cas limité.

Principaux formats publicitaires

Tout comme la radio, la télévision offre des formats publicitaires traditionnels de 10, 15, 30 et 60 secondes. De nombreuses autres possibilités sont également offertes, dont voici quelques exemples.

La publicité isolée

La publicité isolée est de plus en plus présente durant la présentation d'émissions de variétés et de téléréalités où l'on nous annonce « *De retour dans trente secondes* ». Ce format publicitaire est très efficace, car le taux d'évitement est très faible alors que le niveau de mémorisation est supérieur à une publicité standard.

La publicité avec décompte

Il s'agit d'un message diffusé préalablement à la diffusion d'une émission ou à la fin d'une pause publicitaire sur lequel on affiche un décompte du temps restant avant que l'émission débute ou reprenne. Ce format publicitaire peut coûter 40 % plus cher qu'une publicité standard.

La publicité intégrée au générique

Cette technique consiste à placer une publicité pendant que défile le générique d'une émission. Au Québec, l'Union des artistes et les associations d'auteurs ont fortement critiqué ce format au nom du respect intégral de l'œuvre.

L'écran divisé

Deux tiers de l'écran sont consacrés à la diffusion de la publicité alors que l'on retrouve l'émission en cours dans l'espace restant. La chaîne commerciale flamande VTM a lancé ce format en 2006 et selon le manager marketing de la régie publicitaire, aucun téléspectateur n'a changé de poste durant la première diffusion.[125]

Le Réseau des sports (RDS) a lancé un concept semblable pendant la diffusion des Grands prix de Formule 1. La *Pause haute vitesse* permet aux téléspectateurs de continuer de suivre la course alors que la publicité est diffusée uniquement sur une partie de l'écran.[126]

La publicité virtuelle

Fréquemment utilisée dans les grands évènements sportifs, la publicité virtuelle consiste à insérer électroniquement un élément dans une émission, comme le logo d'une entreprise sur le gazon d'un terrain de football par exemple.

En 2011, Le Canadien de Montréal a introduit cette technologie en positionnant des publicités virtuelles sur la baie vitrée du Centre Bell derrière le filet des gardiens de buts.

Le bandeau publicitaire

Certains réseaux offrent la possibilité de faire l'achat d'un bandeau publicitaire (fixe ou animé) qui apparait quelques secondes au bas de l'écran durant une émission.

Le placement de produit

Le placement de produit consiste à payer pour intégrer un produit, un service ou une marque, dans une émission. Au Québec, le pionnier en matière de placement de produits est la série « *Lance et compte* ». Au tout début, le personnage principal, Pierre Lambert, faisait le plein d'essence chez Ultramar, ce qui a grandement contribué à améliorer l'image de l'entreprise.

Pour être efficace, l'intégration doit cependant être crédible et discrète. En 2007, plusieurs personnes ont reproché au film Québécois *À vos marques... Party!* son manque de subtilité en matière de placement de produits. On pouvait, par exemple, apercevoir le logo de Super Écran, le principal commanditaire, sur des serviettes et sur une tasse de café.

La publicité à format variable

En 2006, Rona et Radio-Canada ont lancé un nouveau format publicitaire. L'entreprise a pu bénéficier de quatre présences de 5, 15, 5 et de nouveau 5 secondes pendant la même pause publicitaire.[127]

En 2009, La société américaine MillerCoors profita du SuperBowl pour lancer une campagne composée de plusieurs messages d'une seconde ou plus. Un microsite mis en ligne quelques semaines avant l'évènement nous présentait l'univers d'un livreur de bière dont le message était : « *Pourquoi payer trois millions de dollars pour un trente secondes alors qu'on peut faire l'achat d'une publicité d'une seconde à 100 000 $?* ».

En 2014, le Fonds de solidarité FTQ lança, quant à lui, une publicité d'une durée de 90 secondes qui s'apparentait à un minifilm afin de présenter son bilan des trentes dernières années.

La commandite

Il est possible de commanditer un segment d'un bulletin de nouvelles, comme la météo, ou la totalité d'une émission. Par exemple, Vidéotron commandite de nombreuses émissions, comme Occupation double, Star Académie, Le Banquier et La Voix.

CINQ CONSEILS PRATIQUES :

1. Vous pouvez contrer partiellement l'évitement publicitaire en achetant des formats qui s'intègrent à la programmation

ou en développant des concepts originaux. En effet, 48 % des utilisateurs d'ENP indiquent qu'ils ne sautent pas les publicités intéressantes.[128] On remarque également que les publicités positionnées au début et à la fin des pauses commerciales, sont moins évitées que celles positionnées au milieu. Un autre astuce consiste à cibler certains types d'émission. En effet, les gens regardent habituellement en direct les bulletins d'informations, les évènements sportifs et les émissions de variétés alors qu'ils enregistrent, en plus grande proportion, les téléromans, les comédies, les séries et les soaps d'après-midi. Finalement, sachez que selon une étude du *Journal of marketing*, les publicités dont le ton ne cadre pas avec l'ambiance d'une émission ont plus de chance d'être évitées par les téléspectateurs[129];

2. Si vous cherchez à rejoindre les Québécois, investissez dans des chaînes francophones, car ces derniers préfèrent les émissions produites localement contrairement au reste du Canada, qui consomme davantage d'émissions américaines;

3. Une étude[130] commandé par Thinkbox et menée en Angleterre par Neuro-Insight en 2016 a démontré que les publicités télévisuelles mettant l'accent sur des faits concrets et des informations scientifiques figurent parmi les moins bien mémorisées. À l'inverse, ceux qui utilisent l'émotion et l'humour obtiennent un taux de mémorisation 15% supérieur à la moyenne. Soyez cependant prudent avec l'humour, car ce que certains trouvent drôle, d'autres le trouvent ridicule, voire même offensant. Gardez en tête que les meilleures publicités humoristiques n'ont pas nécessairement comme objectif de déclencher de grands éclats de rire, mais plutôt de décrocher un sourire;

4. Utilisez un porte-parole peut s'avérer très efficace. Par exemple, l'association avec l'humoriste Lise Dion a permis à la compagnie *Gadoua* de pratiquement doubler son chiffre d'affaires en cinq ans, passant de 33 millions à 60 millions de dollars.[131] Le porte-parole retenu doit être charismatique, prôner les valeurs et la personnalité de la marque qu'il endosse et bénéficier d'un fort capital de sympathie auprès du public visé afin d'être en mesure de l'influencer. Il y a quelques années, la compagnie Chrysler signa une entente de trois ans estimée à 14 millions de dollars US avec la chanteuse Céline Dion, et ce, malgré une recommandation défavorable de l'agence de publicité attitré au compte. Des tests effectués au préalable avaient montré que la chanteuse touchait une clientèle beaucoup plus âgée que le public cible de Chrysler. Après une année plus que décevante en terme de ventes, l'entreprise remplaça son responsable du marketing et mis fin à son association avec la chanteuse populaire. Plusieurs personnes saluèrent cette décision, jugeant que Céline Dion était la seule à avoir bénéficié de cette association;[132]

5. Prenez le temps d'évaluer votre publicité avant de la diffuser. Un bon truc consiste à faire visionner la publicité, sans son, auprès d'un groupe échantillon pour ensuite vérifier la compréhension des gens. Si les résultats ne sont pas concluants, apportez les correctifs nécessaires pendant qu'il encore temps.

LE QUOTIDIEN ET L'HEBDOMADAIRE

Chaque jour, près de la moitié des adultes canadiens consultent un journal. Les hommes ont un intérêt marqué pour les contenus en lien avec le sport, l'économie, les affaires et l'automobile.

Quant aux femmes, elles ont un intérêt marqué pour les contenus en lien avec les arts et spectacles, la santé, l'alimentation, la mode et le style de vie.

Il est important de distinguer deux grandes catégories de journaux sur le marché puisque chacune a ses propres spécificités. Il s'agit des quotidiens et des hebdomadaires.

Les quotidiens

Actuellement, on compte quatorze quotidiens au Québec. Bien que la plupart soient payants, deux sont gratuits, dont Métro qui est distribué aux usagers du transport en commun de l'île de Montréal.

Le lectorat des quotidiens, particulièrement celui des versions payantes, est majoritairement composé de gens âgés de plus de 35 ans disposant d'un revenu familial et d'une scolarisation supérieurs à la moyenne.

Les hebdomadaires

Quant aux hebdomadaires, on en compte environ 160 au Québec. La grande majorité de ses titres sont distribués gratuitement aux portes, permettant ainsi de pénétrer la quasi-totalité des foyers québécois.

Selon l'enquête StatHebdo 2013, les femmes représentent 53 % du lectorat versus 47 % pour les hommes. De plus, 49 % des lecteurs sont âgés entre 25 et 49 ans alors que 62 % disposent d'un revenu familial se situant entre 20 000 $ et 79 999 $.

Principales forces

Le temps d'exposition d'une publicité dans un journal est illimité, c'est-à-dire que les lecteurs peuvent prendre tout le temps nécessaire pour analyser et lire le contenu d'une annonce.

Il permet donc de détailler un produit ou un service, tout comme il permet l'ajout d'un coupon rabais ou d'un coupon de participation pour un tirage.

De plus, le journal est considéré comme un média crédible et par conséquent, le niveau de confiance des gens à l'égard de la publicité qu'il contient est relativement élevé en comparaison à d'autres médias.

Une étude menée en 2016 par Les normes canadiennes de la publicité[133] vient corroborer cette affirmation, alors que 73 % des répondants ont mentionné que la publicité dans un journal est très digne de confiance (17 %) ou plutôt digne de confiance (56 %) contre 64 % pour l'affichage, 62 % pour la radio FM et 58 % pour la télévision.

Notons également que le délai entre la réservation d'une annonce et sa publication est généralement très court, permettant ainsi de mettre en place une offensive publicitaire rapidement.

Le quotidien

La fréquence de parution du quotidien lui permet de marteler un message publicitaire dans un cours lapse de temps, alors que sa portée permet de couvrir un large territoire.

L'hebdomadaire

L'hebdomadaire dessert, quant à lui, un ensemble de villages, une petite ville ou un secteur d'une grande ville. Il représente donc un excellent support pour les PME qui souhaitent rejoindre une clientèle de proximité.

Principales faiblesses

Le journal possède une courte durée de vie puisque les gens en disposent rapidement après consultation. Plusieurs lui reproche également son encombrement publicitaire. D'où l'importance de répéter son message et de développer des concepts créatifs qui sauront capter l'attention des lecteurs.

De plus, la qualité du papier et de l'impression est, dans la plupart des cas, de mauvaise qualité. Il n'est donc pas adapté si vous souhaitez montrer des détails précis, comme la fraicheur d'un produit ou bien la vivacité d'une couleur.

Notons cependant que de nouveaux procédés viennent contrer partiellement cet irritant, comme l'impression UV qui offre des couleurs vivent et une qualité d'image supérieure à l'impression standard.

Le quotidien

De façon plus spécifique, le quotidien peine à renouveler son lectorat, notamment à cause de l'avènement d'Internet qui a démocratisé l'information. Conséquemment, il rejoint difficilement les jeunes qui préfèrent s'informer via les réseaux sociaux et les sites web spécialisés.

Notons également que le quotidien n'est pas à la portée de tous les budgets puisque le prix d'une seule page de publicité peut atteindre plusieurs milliers de dollars.

L'hebdomadaire

Quant à l'hebdomadaire, une enquête menée en 2009 par le ministère de la Culture, des Communications et de la Condition féminine, sur les pratiques cultuelles au Québec, nous apprend qu'ils sont peu consultés dans les grands centres urbains.

En effet, 72,5 % des gens vivant dans le Bas-Saint-Laurent consultent leur hebdomadaire chaque semaine ou presque. Cette proportion atteint 66 % pour l'Abitibi-Témiscamingue, 65,4 % pour la Gaspésie-Îles-de-la-Madeleine, 65,2 % pour la Côte-Nord, 51,8 % pour l'Outaouais, 46,7 % pour la Capitale-Nationale et 37,4 % pour Montréal.

Principaux formats

Le journal offre une panoplie de formats publicitaires standards, comme le 1/8 de page, le ¼ de page, la ½ page, le ¾ de page, la page, la double page, etc. La plupart offrent également les options suivantes.

Les formats spéciaux

Certains journaux offrent la possibilité d'utiliser des formats plus audacieux comme le quart de lune ou l'équerre. D'autres permettent de créer des formats originaux sur mesure. Par exemple, le 26 février 2013, les lecteurs du New York Times ont pu voir une ombre de dragon surplombant le texte des pages centrales. L'opération visait à promouvoir le lancement de la troisième saison de la série culte *Game of Thrones*.

Le publireportage

Le publireportage consiste à payer pour la rédaction d'un article prônant l'usage d'une marque. À noter que le code de déontologie de la *Fédération professionnelle des journalistes du Québec* mentionne que « *Les publireportages doivent être très clairement identifiés comme tels afin de ne pouvoir être confondus, même par leur mise en pages, avec l'information.* »

Le cahier spécial

Certains journaux produisent des cahiers thématiques (habitation, automobile, etc.) dans lesquels il est possible de faire l'achat de publicité. Il est également possible de produire un cahier spécial afin de promouvoir une marque, comme le fit Mazda en 2004, en publiant le premier cahier exclusif à un seul manufacturier dans le Journal de Montréal.[134]

La jaquette

De plus en plus présente, la jaquette consiste à recouvrir le recto et le verso d'un journal, offrant ainsi un impact majeur à l'annonceur. Les concessionnaires automobiles utilisent fréquemment ce format qui peut coûter plusieurs milliers de dollars. À noter que plusieurs journaux offrent également la demi-jaquette qui, outre ses dimensions, offre les mêmes caractéristiques que la jaquette.

Le signet

La technique du signet consiste à produire une page de publicité ou un cahier promotionnel de grand format afin qu'une section dépasse de quelques centimètres du journal. On peut ainsi utiliser cet espace pour inscrire un message percutant qui incitera le lecteur à consulter la publicité dans son intégralité.

L'affiche intérieure

Difficile de résister à l'envie de déplier une affiche pour voir son contenu. Voilà pourquoi certains annonceurs utilisent ce format qui équivaut habituellement à la superficie de quatre pages de publicité.

Le rabat intérieur

Cette technique consiste à produire une publicité de format supérieur au journal et de rabattre l'excédent vers l'intérieur. Ceci permet notamment d'ajouter de l'information ou des coupons rabais.

L'insertion

Il est également possible d'insérer du matériel promotionnel à l'intérieur de certains journaux, comme des catalogues ou des dépliants.

CINQ CONSEILS PRATIQUES :

1. Dans son livre *Comportement du consommateur et marketing*, John V. Petrof mentionne qu'une étude sur l'efficacité des annonces publicitaires en couleurs dans les journaux, arrive à la conclusion suivante : pour des articles à prix réduits vendus au détail, l'addition d'une couleur à une annonce en noir et blanc entraîne une augmentation des ventes d'environ 41 %. Petrof fait également référence à une autre étude qui démontre qu'une annonce en quatre couleurs augmente le nombre de lecteurs de 38 % par

rapport à une annonce en noir et blanc. Bref, utilisez la couleur;

2. Privilégiez les grands formats afin d'obtenir un impact majeur. En ce sens, évitez les formats inférieurs au ¼ de page qui vous donneront peu, voir même aucun résultat;

3. Sur son site web, Hebdos Québec fait référence à une étude menée par Ipsos-Descarie qui révèle que les formats verticaux ont un peu plus d'impact que les formats horizontaux. De même que les publicités placées au bas de la page sont légèrement plus remarquées que celles placées en haut de page. Sachez cependant que les publicités placées sur la page de gauche sont toutes aussi efficaces que celles placées sur la page de droite;

4. Selon NADbank, le lectorat numérique a augmenté de 40 % depuis 2010, si bien que quatre lecteurs sur 10 accèdent maintenant au contenu d'un journal à partir d'une plateforme numérique[135]. En ce sens, un mixte média entre une version papier et numérique peut s'avérer une stratégie intéressante;

5. Plutôt que d'acheter un format publicitaire non traditionnel, pourquoi ne pas faire l'achat d'une pleine page et développer un concept qui donne l'impression que vous avez agi de la sorte. Par exemple, afin de promouvoir son souffleur à feuilles, la marque STIHL publia une annonce qui donnait l'impression que l'appareil soufflait les lettres d'un texte d'information.

LE MAGAZINE

En 2015, les canadiens ont lu en moyenne 2,5 exemplaires de magazines par mois auxquels ils ont consacré 122,5 minutes. Pour le Québec, ces chiffres représentent respectivement 3 exemplaires et 152,4 minutes.[136]

Les hommes consultent principalement les magazines pour s'informer. Ils lisent, dans une plus grande proportion, les magazines ayant comme thématique l'actualité politique et les nouvelles, le commerce affaires, les finances et l'administration, le sport, les loisirs de plein air, les voyages ainsi que les revues scientifiques.

Quant aux femmes, elles consultent principalement les magazines pour se détendre et se relaxer. Elles lisent, dans une plus grande proportion, les magazines de mode, foyer et décoration, cuisine et gastronomie ainsi que les revues d'artisanat, de jardinage et de bricolage.

Principales forces

Contrairement aux journaux, le magazine bénéficie d'une durée de vie relativement longue, car la plupart des gens le conserve pour consultation ultérieure.

Ceci est évidemment bénéfique pour les annonceurs qui voient le nombre d'exposition de leur publicité augmenter avec le temps.

De plus, il permet de cibler précisément un groupe d'individus, car la plupart des magazines se spécialisent dans un champ d'intérêt particulier.

Notons également que la qualité d'impression qui le caractérise permet de montrer certains détails que l'on verrait difficilement dans les journaux, comme l'éclat de la peau, la brillance d'un rouge à lèvres ou la fraicheur d'un aliment.

Considéré comme un média de prestige, il représente un excellent support pour promouvoir un produit de luxe, ou pour se bâtir une notoriété à long terme.

Par exemple, la marque de Vodka suédoise Absolut utilisa le magazine pour conquérir le marché américain, ce qui entraîna une augmentation des ventes aux États-Unis de l'ordre de 14 900 % entre 1981 et 1995.[137]

Principales faiblesses

Depuis une dizaine d'années, bon nombre de magazines ont vu leur tirage et leur lectorat diminuer de façon considérable. Tout comme pour le journal, ce phénomène peut s'expliquer par l'avènement d'Internet qui rend accessible une grande quantité d'informations.

De plus, le magazine ne fait pas dans l'immédiat. Sa fréquence de parution est limitée alors qu'il est nécessaire de réserver ses espaces publicitaires hâtivement étant donné les délais entre les dates de tombée.

Il n'est donc pas adapté aux entreprises qui souhaitent obtenir des résultats dans l'immédiat, notamment par le biais de publicités temporelles, comme des publicités visant à promouvoir une vente ou une ouverture officielle.

Notons également que l'on trouve peut de distribution régionale et que le coût d'une campagne peut rebuter à plusieurs entreprises, notamment les PME qui disposent généralement d'un budget limité.

À titre d'exemple, la Ville de Québec a fait l'achat d'une demi-page de publicité dans le prestigieux magazine Forbes en 2009 au coût de 40 000 $.[138]

Principaux formats

Le magazine offre une grande flexibilité en termes de formats publicitaires. On retrouve évidemment les formats traditionnels, comme le quart de page, mais également des formats non traditionnels. Il permet également de développer des stratégies novatrices, comme le démontre les exemples suivants.

La publicité mangeable

Dans une édition du magazine américain People, la marque Welch's invita les lecteurs à goûter à son jus de raisin. Pour ce faire, il suffisait de décoller et de lécher une bandelette insérée dans un encart publicitaire.[139]

La célèbre marque de soda Fanta créa, quant à elle, une publicité entièrement mangeable afin de promouvoir une nouvelle boisson à l'orange. Cette dernière était insérée dans une pellicule de plastique par souci de propreté*.

La publicité odorante

On retrouve fréquemment des publicités de type « Grattez et sentez » visant à promouvoir des fragrances de parfums ou des produits nettoyants. Kraft utilisa cette technique dans un numéro spécial du magazine People. Cinq publicités odorantes ont été produites, dont une dégageant l'odeur de gâteau au fromage, une de café à la cannelle et une de chocolat blanc.[140]

On voit également apparaître des publicités produites à partir d'encre parfumée. Les possibilités sont infinies : odeur de lotion solaire, de maïs à éclater, de pizza, de café, etc.

L'autocollant

L'autocollants est utilisé depuis de nombreuses années et permet de piquer la curiosité des gens. Par exemple, sur la page couverture d'une édition du magazine Stadtlichter, on pouvait apercevoir le visage d'une adolescente sur lequel était apposé un autocollant simulant un bouton d'acné. Une fois soulevé, on y découvrait l'adresse du site Internet et le nom de la marque Clearasil.

Héma-Québec apposa quant à elle, un diachylon sur une page blanche. En le retirant, on découvrait le logo de l'organisme ainsi que le message suivant : « *On a besoin de bras* ».

La publicité à déploiement

Certaines entreprises développent des publicités qui se déploient lorsque le lecteur tourne la page d'un magazine.

La publicité interactive

Il est possible de créer une interaction avec le lecteur en l'invitant par exemple, à visionner du contenu en ligne par le biais d'un code QR. Certains vont jusqu'à intégrer des composantes électroniques à leur publicité afin d'améliorer l'expérience.

C'est le cas de Motorolla, qui en 2014, a fait la promotion de son Moto X dans le magazine Wired. Un dispositif ingénieux permettait aux lecteurs de changer à leur gré la couleur du téléphone portable affiché sur la publicité*.

Le publireportage

En 2008, la marque de vêtements Mango a mis en scène quatre survivantes du cancer dans un publireportage de mode intégré à un numéro spécial du magazine Clin d'Oeil. La campagne comprenait une page de publicité et cinq pages d'intégration au contenu.[141]

La publicité animée

Il est possible d'animer une publicité en utilisant un hologramme ou les nouvelles technologies. Par exemple, Lexus utilisa la technique CinePrint afin de promouvoir son modèle ES en 2012.

Il suffisait de se rendre sur une version numérique de l'annonce, à l'aide d'une tablette électronique, et de positionner l'appareil derrière la page de la publicité du magazine. La vidéo de la version numérique transparaissait, créant ainsi une superbe animation*.

Afin de souligner son 75e anniversaire, le magazine Esquire publia quant à lui, une édition limitée de son numéro d'octobre 2008 pourvue d'une couverture animée à l'aide d'encre électronique alors que pour promouvoir sa programmation, le réseau CBS intégra un petit écran vidéo à l'intérieur du magazine Entertainment Weekly qui démarrait une fois la page tournée*.

La publicité à valeur ajoutée

Une technique efficace consiste à offrir quelque chose au lecteur, comme une recette ou un échantillon de produit. Certaines entreprises qui bénéficient d'important budgets marketing vont encore plus loin, comme le démontre les exemples suivants.

Afin de démontrer la technologie innovante qui équipe son véhicule Amarok, Volkswagen créa une publicité permettant aux lecteurs d'un magazine de se connecter à Internet. Le routeur intégré à la publicité se déclenchait uniquement lorsque le magazine était ouvert sur la publicité du constructeur automobile*.

La compagnie Nivea a également mis à contribution la technologie dans certains de ses concepts publicitaires. En 2013, elle a diffusé une publicité dans un magazine brésilien équipée d'un panneau solaire et d'un port USB permettant de recharger son portable.

L'entreprise innova de nouveau en 2014 en diffusant une publicité dans un magazine, dans laquelle elle intégra un bracelet détachable équipé d'une puce GPS pouvant être mis au poignet de son enfant*.

Après avoir téléchargé une application sur son mobile, le parent pouvait voir le positionnement de son enfant dans un rayon de 30 mètres et être alerté si ce dernier dépassait une distance préétablie.

La marque Budweiser s'associa quant à elle au chanteur Will.i.am afin de promouvoir un single. Il suffisait de détacher la publicité et de la mettre sur une table tournante, au même titre qu'un vinyle, afin d'entendre le dernier hit de la vedette du groupe Black Eyed Peas.*

En 2015, c'est la marque de bière brésilienne Glacial qui se démarqua à l'aide d'une publicité permettant de refroidir une bière en seulement quelques minutes. Il suffisait d'humidifier la publicité, de l'enrouler autour d'une bouteille et de placer le tout au réfrigérateur quelques instants.

Toujours en 2015, l'entreprise Neutrogena proposa aux lectrices du magazine brésilien Caras de démaquiller, à l'aide d'un échantillon de lingette démaquillante offert gratuitement, l'actrice Giovanna Ewbank que l'on retrouvait en page couverture du magazine.

CINQ CONSEILS PRATIQUES :

1. Privilégiez les grands formats publicitaires afin de démonter la notion de prestige qui caractérise votre marque;

2. Intégrer un bon de réduction à une publicité peut représenter une approche intéressante. Une étude[142] réalisée en 2016 par Ipsos pour Prisma Media Solutions révèle que les publicités alimentaires avec bons de réduction dans les magazines créent 19 % plus d'engagement que celles qui n'en contiennent pas;

3. Sachez que le taux de lecture des publicités positionnées dans la première moitié d'un magazine est très similaire à celles placées en deuxième moitié. De même que le taux de lecture d'une annonce placée à côté d'une autre annonce est somme toute, identique à celui d'une annonce placée près du contenu[143];

4. Placer deux annonces dans le même magazine augmente significativement vos chances de vous faire voir;

5. Privilégiez les magazines payants, car le niveau d'intérêt des lecteurs est généralement plus élevé en comparaison aux magazines gratuits.

L'AFFICHAGE

Selon la firme de recherche Nielsen, les investissements publicitaires en affichage au pays ont progressé de 5,5% au cours des six premiers mois de 2014 alors que les investissements publicitaires globaux n'ont augmenté que de 2,5% durant la même période.[144]

L'affichage est un média en pleine effervescence, notamment à cause de l'avènement des panneaux numériques qui offrent de nouvelles possibilités, comme la diffusion d'informations en temps réel, l'adaptation du message en fonction de l'emplacement et évidemment, l'intégration du son et du mouvement.

Les entreprises spécialisées en affichage s'intéressent de plus en plus à cette technologie et offre maintenant une grande variété de formats, dont certains peuvent atteindre des dimensions surréalistes dignes des plus grands films de science-fiction.

Par exemple, en 2014, Times Square à New York a inauguré le plus grand écran numérique haute définition du monde. Faisant plus de 23 mètres de haut par 100,5 mètres de long, l'écran est pratiquement aussi vaste qu'un terrain de football.[145]

Principales forces

L'affichage est le seul média de masse qui cible exclusivement une clientèle hors foyer, permettant ainsi de rejoindre les gens actifs, notamment les travailleurs, mais aussi les jeunes qui consomment peu de médias traditionnels

Il offre une grande variété de formats et son coût d'achat est relativement faible en comparaison à d'autres médias. Il permet également de cibler les gens en fonction de leur mode de vie, comme par exemple, les gens fréquentant les bars, les arénas ou les centres de conditionnement physique.

Notons également que l'encombrement publicitaire est relativement faible en affichage, puisque l'on retrouve généralement peu de publicité au même endroit.

Finalement, l'avènement des nouvelles technologies permet maintenant de créer des interactions avec les consommateurs. Une enquête Mobilens de comScore révèle d'ailleurs que 59 % des utilisateurs d'appareils mobiles au Canada, envisagent de passer à l'action après avoir vu une affiche publicitaire.[146]

Un bel exemple d'intégration entre mobilité et affichage concerne l'entreprise Emart, le plus grand détaillant de Corée du Sud, qui a installé une trentaine de panneaux publicitaires à Séoul, sur lesquels apparaissait un code QR grâce à un jeu d'ombres créé par la lumière du soleil.

À l'aide de leur portable, les gens pouvaient décoder le pictogramme, visible uniquement entre 12 h et 13 h, afin d'avoir accès à des offres promotionnelles exclusives. Cette offensive permit à l'entreprise d'augmenter ses ventes de 25 % durant cette plage horaire.*

Principales faiblesses

En contrepartie, l'affichage est principalement concentré dans les grands centres urbains et en périphérie de ces derniers, ce qui limite sa couverture géographique.

Notons également que, contrairement aux journaux et magazines, le panneau affiche ne permet pas de diffuser de grandes quantités d'informations, puisqu'il dispose généralement de seulement quelques secondes pour capter l'attention des gens et transmettre son message.

Il est important pour les annonceurs de prendre en considération ce dernier aspect, car un panneau affiche surchargé risque de ne pas atteindre son objectif.

Afin de bien illustrer mes propos, nous allons examiner deux cas réels, soit celui d'un panneau affiche inadéquat et celui d'un panneau affiche bien conçu. À noter qu'il s'agit du même emplacement et que les photos ont été prises à la même distance.

Le premier cas concerne le panneau le plus éloigné de la photo ci-dessous, soit celui qui se trouve à 200 mètres de distance. Actuellement, il est impossible pour un automobiliste de distinguer quoique ce soit.

Comme le démontre la photo suivante, le message demeure incompréhensible à une distance de 100 mètres alors qu'à une vitesse de 100 km/h, il reste moins de quatre secondes à un automobiliste pour voir et comprendre le message.

Examinons maintenant le deuxième cas. À 200 mètres de distance, nous distinguons déjà clairement le logo de la chaîne de dépanneurs Couche-Tard ainsi que le tréma qui caractérise la marque de yogourt iögo sur le panneau le plus éloigné.

À 100 mètre du panneau, nous sommes en mesure de comprendre clairement le message, soit que l'on peut faire l'achat des produits iögo dans les dépanneurs Couche-Tard. Le message est clair et concis et par conséquent, il est parfaitement adapté au média.

Principaux formats

Dans les pages qui suivent, nous allons examiner les principales options en matière d'affichage. Ces dernières sont regroupées en cinq sous-groupes, soit l'affichage en bordure de route, l'affichage mobile, l'affichage urbain, l'affichage intérieur ainsi que l'affichage sauvage.

L'affichage en bordure de route

Ce type d'affichage se retrouve en bordure des principaux axes routiers. Sa principale caractéristique est qu'il cible majoritairement les gens qui se déplacent à l'aide d'un véhicule motorisé. Plusieurs supports sont disponibles, dont les principaux sont :

Le panneau numérique

Le panneau numérique est de plus en plus présent en bordure de nos routes. Il offre une qualité d'image supérieure au panneau standard, particulièrement la nuit ou les couleurs produisent des contrastes saisissants. Il permet également une flexibilité incomparable : aucune attente au niveau de l'installation et la possibilité de modifier le message à tout moment.

Le panneau horizontal (10 x 20)

Le panneau horizontal standard est sans contredit le format le plus courant. À lui seul, Pattison Affichage compte plus de 9 750 emplacements à travers le Canada, offrant ainsi une excellente couverture des principaux marchés.

Le panneau horizontal offre de nombreuses possibilités au niveau créatif. Par exemple, il est possible d'ajouter des extensions à l'extérieur du cadre publicitaire ou du relief afin d'augmenter l'impact d'une publicité.

Il est également possible de faire l'achat de plusieurs panneaux positionnés à quelques centaines de mètres d'intervalles et d'afficher sur chacun d'eux un message distinct, mais complémentaire.

En 2005, *Budweiser* a quant à offert son soutien à l'équipe de football des *Carabins* de l'Université de Montréal par l'entremise d'un « *panneau vivant* ». Trois individus attachés à la structure manifestaient leurs encouragements au coin des rues Viger et Jeanne-Mance à Montréal.

Le Festival de magie de Québec a lui aussi trouvé une façon originale pour attirer l'attention des gens. Un panneau publicitaire aimanté donnait l'impression qu'un homme faisait bouger un balai par lévitation.*

Le superpanneau

Le super-panneau se démarque par sa taille qui fait plus de deux fois celle du panneau horizontal standard. On le retrouve près des grandes artères et près des principales intersections des grandes villes. Il est habituellement imprimés sur du vinyle et par conséquent, il peut être réutilisé ultérieurement. Idéal pour créer un fort impact et pour donner de la crédibilité à une campagne.

Le panneau vertical

Outre ses dimensions, le panneau vertical offre sensiblement les mêmes avantages et les mêmes possibilités que le panneau horizontal. Il est idéal pour représenter des personnes en position debout ou des objets de forme verticale tels des bouteilles et des cellulaires.

Le panneau rotatif

Le panneau rotatif est pratiquement disparu. Il se distingue du panneau horizontal par le fait qu'il diffuse non pas une, mais trois publicités. Chacune d'entre elles est immobile durant quelques secondes avant de se voir remplacer par la suivante. Le temps d'exposition est moindre, mais le mouvement engendré capte davantage l'attention des gens qu'un panneau statique standard.

Le panneau rétroéclairé

La particularité de ce panneau est qu'il offre un éclairage projeté par l'arrière, et ce, 24 heures sur 24. En jouant avec l'opacité, il est possible de créer des publicités qui diffèrent le jour de la nuit.

La murale

Les formats spectaculaires des murales confèrent prestige et crédibilité à une marque. Elles se trouvent habituellement dans des lieux stratégiques et fortement achalandés des grandes villes. Habituellement, on utilise des bannières de vinyle imprimées, mais dans certains cas, il est possible de peindre directement sur les murs des édifices.

L'affichage urbain

Ce type d'affichage se retrouve en milieu urbain, principalement sur des objets qui sont installés dans l'espace public d'une ville afin de répondre aux besoins des usagers. Il permet de pénétrer les centres villes des grandes villes où circulent des milliers de personnes quotidiennement, ainsi que les quartiers résidentiels qui sont peu touchés par la publicité. En voici quelques exemples :

L'abribus

L'abribus permet de rejoindre les usagers du transport en commun, les automobilistes ainsi que les piétons. Il est possible d'afficher une publicité sur un panneau prévu à cet effet et dans certains cas, de maquiller en partie ou en totalité un espace. Il est même possible de créer une interaction avec les passants.

Par exemple, la compagnie Lipton a transformé un abribus en « *station rafraichissante* » en Grèce afin de promouvoir sa marque de thé glacé. Une affiche publicitaire invitait les passants à appuyer sur un bouton. Lorsque les gens s'exécutaient, ils recevaient un jet de micros gouttelettes d'eau rafraichissantes.*

On voit également de plus en plus d'écrans numériques apparaître dans des abribus stratégiquement positionnés, soit ceux qui se retrouvent à proximité des boutiques, des restaurants, des tours à bureaux et des établissements scolaires des grands centres urbains.

À Londres, la vitre d'un abribus a été remplacée par un écran numérique qui diffusait les images de la rue en temps réel, donnant ainsi l'impression qu'il s'agissait d'une vitre conventionnelle. Grâce aux nouvelles technologies, des éléments virtuels ont été ajoutés afin de surprendre les gens, comme une soucoupe volante, un tigre et une météorite. L'opération, qui en a surpris plus d'un, visait à promouvoir la boisson Pepsi Max.*

Le banc

On retrouve de l'affichage intégré à des bancs positionnés près des rues passantes. Les concessionnaires automobiles locaux ainsi que les courtiers immobiliers utilisent fréquemment ce support publicitaire.

La clôture

La plupart des chantiers de construction des grands centres urbains sont protégés par des clôtures en métal ou des palissades de bois. Certaines entreprises bénéficient d'ententes qui leur permettent de louer ces emplacements.

La colonne

Les colonnes sont disponibles dans plusieurs formats et utilisées dans les grands centres afin de diffuser de l'information d'intérêt public, comme de l'information entourant des événements culturels et évidemment, de la publicité. En 2014, Astral Affichage a annoncé le déploiement de 14 colonnes, dont huit numériques, dans le Quartier des spectacles de Montréal où circule quotidiennement 47 000 travailleurs et 45 000 étudiants.[147]

Le support à vélos

Les supports à vélos sont habituellement positionnés près des universités, des tours à bureaux, des bars et des restaurants les plus branchés des grandes villes. Ils sont installés au début du printemps et retirés vers la fin de l'automne.

L'affichage mobile

La principale particularité de ce type d'affichage est qu'il est mobile. En d'autres mots, c'est la publicité qui vient à la rencontre du consommateur et non l'inverse. Au cours des dernières années, les supports et les formats se sont multipliés, offrant ainsi de nombreuses possibilités pour les annonceurs. En voici quelques exemples.

L'avion et l'hélicoptère

Ces véhicules peuvent tirer des bannières, des formes tridimensionnelles ainsi que des panneaux articulés. En 1999, la compagnie montréalaise *Aérogram* a réalisé une bannière de 80 pieds de haut, dans le cadre de la campagne « *vente étiquettes rouges Toyota* ».

Une étude indépendante a permis de constater que 71 % des automobilistes avaient remarqué la publicité aérienne sur le fleuve Saint-Laurent et 67 % pouvaient réciter au moins une partie du message publicitaire contenu sur la bannière.[148]

La montgolfière

La montgolfière est utilisée depuis de nombreuses années comme support publicitaire. On retrouve sur le marché des formats standard sur lesquelles il est possible d'afficher une publicité ainsi que des formats miniatures gonflés à l'hélium. L'entreprise RE/MAX utilisent ce support publicitaire depuis de nombreuses années.

Le dirigeable

Certaines entreprises offrent la possibilité de faire de la publicité sur un ballon dirigeable radiocommandé ou non. Cette technique est idéale pour rejoindre les gens lors de grands rassemblements sportifs ou culturels.

L'autobus

En 2015, la Société de transport de Montréal (STM) possédait 1 721 autobus qui ont parcouru près de 84 millions de kilomètres, soit une moyenne de 48 800 kilomètres par véhicule.[149]

Des espaces publicitaires sont habituellement disponibles pour la location mensuelle sur le côté et sur l'arrière des autobus. Il est possible d'ajouter des extensions à ces derniers afin d'augmenter leur impact, tout comme il est possible de maquiller, en parti ou en totalité, un ou plusieurs véhicules.

On retrouve également de plus en plus de panneaux numériques qui offrent de nombreuses possibilités. Les publicités peuvent par exemple être déployées en fonction de l'heure et de l'endroit où circule l'autobus.

Certains vont encore plus loin et développent des concepts uniques et novateurs. C'est le cas de Pepsi qui en 2013, s'est associé au magicien britannique Dynamo pour une opération saisissante visant à promouvoir la boisson Pepsi Max.

Dynamo a parcouru la ville de Londres, au Royaume-Unis, en lévitation à côté d'un autobus arborant un panneau publicitaire à l'effigie de la marque. L'opération a été filmée et diffusée sur le site de partages You Tube. À ce jour, plus de six millions de personnes ont visionné la vidéo.*

Finalement, on retrouve de l'affichage statique et numérique à l'intérieur de certains véhicules. La portée du message est moindre, mais la clientèle est beaucoup plus ciblée.

Le camion

Les camions publicitaires parcourent les rues des grands centres urbains. Certains offrent la possibilité d'afficher une publicité sur écran numérique alors que d'autres offrent un système de publicité statique ou rotative.

En 2006, le brasseur Sleeman a fait la promotion de la bière Sol au moyen d'un camion publicitaire équipé de gicleurs pouvant arroser les passants à l'aide d'une légère bruine. Arborant un panneau publicitaire de 10 x 20 pieds, le camion a circulé durant l'été sur certaines artères commerciales de Montréal.[150]

À noter que plusieurs personnes considèrent ce support publicitaire comme une grande source de pollution. Il est donc déconseillé pour les entreprises qui prônent des valeurs environnementales.

La voiture

Certaines entreprises possèdent des flottes de véhicules ou paient des particuliers afin qu'ils transforment leur voiture en vecteur publicitaire. Pour être admissible, les candidats retenus doivent généralement posséder un véhicule en bon état, circuler dans les grandes villes, fréquenter les endroits branchés, parcourir une distance minimale et montrer patte blanche en matière d'antécédents criminels

Le taxi

Selon une étude[151] de la Commission des transports du Québec, un taxi parcours en moyenne 53 893 kilomètres annuellement et effectuent en moyenne 79 courses par semaine. Plusieurs sections du taxi peuvent être exploitées : portière, capot, pare-chocs, dôme, vitres ou véhicule complet. Certains offrent même la possibilité d'afficher à l'intérieur du véhicule, notamment par le biais d'écrans numériques placés à l'endos des sièges avant.

Le scooter

Certaines entreprises disposent d'une flotte de scooters équipés de remorques sur lesquelles sont installés des panneaux publicitaires. La chanteuse Québécoise Marie-Chantal Toupin a utilisé ce support publicitaire en 2008 afin de promouvoir le lancement de son nouvel album.

Le vélo

Qualifié d'écoresponsable, le vélo offre différentes possibilités, dont des affiches sur remorque et des bannières accrochées au vélo. En 2014, Lacoste utilisa ce support publicitaire pour le lancement de son parfum LIVE à Paris.

L'homme sandwich

L'homme sandwich a considérablement évolué au cours des dernières années. On retrouve maintenant des panneaux illuminés ainsi que des écrans numériques sur le marché. De plus, certains se déplacent en patins à roues alignées ou en véhicule électrique monoplace, communément appelé Segway. Idéal pour interagir avec les gens lors de grands rassemblements (festivals, événements sportifs, etc.).

Les animaux

Pour contrer la situation économique difficile, certains résidents de Novosibirsk, en Sibérie, ont accepté de louer leur chien à des publicitaires. Les bêtes devaient se promener deux fois par jour en arborant une publicité.[152]

En 2006, Hotels.nl, une entreprise néerlandaise de réservations en ligne, a revêtu à un troupeau de brebis, un manteau arborant son logo et son adresse web.

THQ, un éditeur de jeux vidéo a quant à lui utilisé un labrador pour promouvoir la sortie de *Red Faction 2*. Le chien s'est baladé avec le nom du jeu inscrit sur ses flancs à l'aide d'une peinture d'origine alimentaire.

Les insectes

En 2008, une équipe, en planche à roulettes, a envahi les rues de New York et a lâché, sur les trottoirs, près de 350 cafards étiquetés du logo de la marque de vêtements pour planchistes *Zoo York*.*

Le drone

En 2014, la chaîne de restaurants Wokker a utilisé des drones pour promouvoir ses produits. Dix appareils transportant des affiches promotionnelles ont survolé le quartier des affaires de Moscou et ainsi, rejoint les travailleurs directement à leur fenêtre de bureau. Cette offensive aurait contribuée à augmenter les ventes de la chaîne de 40 %.*

L'affichage intérieur

Ce type d'affichage se retrouve généralement confiné dans des endroits spécifiques, permettant ainsi de rejoindre des segments de consommateurs. Examinons quelques-uns de ces endroits.

Les salles de bain

Les salles de bain représentent un des seuls endroits où il est possible de rejoindre uniquement des hommes ou des femmes. De plus, le taux d'évitement des publicités est relativement faible, car ces dernières se retrouvent habituellement dans le champ de vision des gens.

Selon l'entreprise *Next-One*, les hommes passent en moyenne 54 secondes aux toilettes comparativement à 103 secondes pour les femmes.

On retrouve des panneaux affiches principalement au-dessus des urinoirs, derrière les portes des toilettes et près des miroirs et des séchoirs à mains. Les panneaux peuvent être statiques, lumineux, numériques, voir même interactifs.

À Montréal, la chaîne de restaurants *Poulet Frit Kentucky* a par exemple transformé des panneaux d'affichage en guichets de service à l'auto. Équipés de détecteurs de mouvement, les panneaux interpellaient les visiteurs des salles de toilettes en leur offrant de prendre leur commande.[153]

Outre les panneaux affiches, les salles de bain offrent de nombreuses possibilités au niveau créatif, comme le démontre les exemples suivants.

En Afrique du Sud, la société de prévention routière *Arrive Alive* a réalisé une campagne de responsabilisation en transformant des sièges de toilette en fauteuils roulants, dans plusieurs salles de bain de boîtes de nuit. L'opération visait à sensibiliser les jeunes de 18-30 ans aux dangers de l'alcool au volant.[154]

Au Brésil, la marque de bière *Eisenbahn* a installé un visuel simulant des craquelures dans l'émail des urinoirs, accompagné du message suivant : *Strong Golden Ale. When we say strong beer, we mean it.*

En France, des traces de griffe sur les murs de salles de bain et une fausse marre de sang au sol accompagnaient des panneaux affiches dans des bars, des restaurants et des discothèques branchées. L'opération visait à promouvoir le film d'horreur *Freddy : Les Griffes de la nuit.*[155]

Au Québec, la Société de l'assurance automobile du Québec (SAAQ) a installé des écrans 3D derrière des miroirs de salle de bain d'une vingtaine de cégep. Lorsque les étudiants s'en approchaient, un fantôme apparaissait et expliquait les causes de son décès. L'opération visait à sensibiliser les jeunes aux dangers de la vitesse, de l'alcool et des textos au volant.*

Dans la même veine, Pepsi remplaça les miroirs conventionnels d'un cinéma londonien par des écrans numériques équipés d'un système de détection faciale, à l'occasion de l'halloween. Lorsque les gens se regardaient, ils voyaient leur visage transformé en personnages effrayants comme un loup-garou ou un zombie.*

Les cinémas

Une enquête réalisée par le gouvernement du Québec a établi une corrélation directe entre l'âge et la fréquentation des établissements cinématographiques. Ainsi, seulement 10,6 % des personnes âgées de 15 à 24 ans ne vont jamais au cinéma alors que cette proportion atteint 56,2 % pour les personnes âgées de 65 ans et plus. On y apprend également que plus les gens sont scolarisés, de même que plus leur revenus sont élevés, plus ils fréquentent ce type d'établissements.[156]

On retrouve différents formats d'affichage positionnés près des zones achalandées. Il est également possible de diffuser une publicité sur l'écran principal avant la projection du film. Volkswagen a utilisé ce support publicitaire de belle façon à Hong Kong en 2014.

Une publicité montrant une balade en voiture à la première personne défilait à l'écran jusqu'à ce qu'un émetteur d'ondes courtes, installé pour l'occasion, déclenche la sonnerie des cellulaires des spectateurs présents. Par le temps que ces derniers en vérifient la cause, la voiture à l'écran était victime d'un accident de la route. Le tout se terminait par le message suivant : « *Le cellulaire est maintenant la principale cause de mortalité au volant. Gardez les yeux sur la route* ».*

Les supermarchés

Une étude[157] menée par MasterCard Canada, révèle que les Canadiens font leur épicerie 37 fois par année pour une moyenne de temps passé en magasin de 44 minutes. Chez les couples et les ménages comptant plusieurs adultes, l'homme se charge de l'épicerie dans 15 % des cas, la femme dans 44 % des cas, alors que la responsabilité est partagée dans 41 % des cas.

L'étude nous apprend également que les hommes sont relativement plus portés à acheter des friandises et des grignotines, alors que les femmes achètent plus souvent des produits ménagers comme du détergent, des produits de nettoyage et des produits en papier.

Fait intéressant, dans l'ensemble, les Québécois sont ceux qui apprécient le plus faire l'épicerie (66 %) et sont les seuls au pays à préférer magasiner en milieu de semaine.

Finalement, seulement le tiers des consommateurs âgés de 25 à 29 ans, dressent régulièrement une liste avant de faire leurs provisions, ce qui implique que la plupart d'entre eux prennent des décisions sur place. À l'inverse, Les consommateurs de 60 ans et plus respectent généralement leur liste d'épicerie et dépensent moins.

On retrouve de l'affichage à différents endroits, notamment sur les portes réfrigérées, les planchers, les paniers d'épicerie et les tablettes. Il est également possible de suspendre des bannières au plafond, d'afficher sur les tapis roulant des caisses enregistreuses ainsi que sur le bâton qui sert de séparateur. Ce dernier est surtout utilisé par les compagnies dont les produits se trouvent près des caisses, comme la gomme, les loteries et les magazines.

Les dépanneurs

Selon l'Association canadienne des dépanneurs en alimentation (ACDA), les Canadiens ont acheté pour une valeur de 39 milliards de dollars de produits et d'essence chez les dépanneurs en alimentation en 2011.

On retrouve de la publicité au plafond, sur les portes réfrigérées, sur la fenestration, sur la porte d'entrée ainsi que sur les panneaux qui cachent les produits du tabac. On retrouve également des panneaux affiche à l'extérieur de certains établissements, notamment sur le bâtiment et sur les pompes à essence.

Les centres commerciaux

Au Canada, on retrouve le plus grand centre commercial en Amérique du Nord, soit le West Edmonton Mall. Construit en 1981, ce dernier attire environ 30 millions de visiteurs annuellement. On y trouve plus de 800 commerces, des restaurants, des hôtels, une patinoire, une piscine à vagues, des manèges et plusieurs autres activités.

Au Québec, c'est le Centre Eaton de Montréal qui remporte la palme d'or. Il compte 175 détaillants sur cinq étages et attire plus de 26 millions de visiteurs annuellement.

Les centres commerciaux offrent une grande variété de panneaux affiche positionnés à divers endroits. Par exemple, Zoom media possède un réseau de 6 000 cabines d'essayage, réparti à travers 35 grandes chaînes, qui permettent de cibler une clientèle spécifique à l'aide de panneaux affiches.

On retrouve également de plus en plus de colonnes et de panneaux numériques positionnés à l'intérieur et à l'extérieur des plus grands centres commerciaux. Par exemple, l'entreprise Ocean Outdoor possède un panneau numérique extérieur de plus de 12 mètres de large par 4,5 mètres à l'entrée du centre commercial Westfield London au Royaume-Uni.

Certaines entreprises préfèrent afficher leurs couleurs sur les planchers, les plafonds (bannières et affiches suspendues), voire même sur les escaliers, comme l'a fait Coca Cola en 2013.

L'entreprise réalisa une opération originale en installant des portes d'ascenseur devant un escalier d'un centre commercial en Espagne. Croyant attendre l'ascenseur, les passants voyaient un escalier, aux couleurs de Coca Cola, apparaître à l'ouverture des portes. L'initiative visait à inciter les gens à bouger afin de combattre l'obésité.

Les restaurants

Les ménages canadiens ont dépensé en moyenne 2 226 $ pour des aliments achetés au restaurant en 2013. Quant aux ménages Québécois, ils y ont consacré 1 978 $.[158]

Une enquête réalisé par Zins Beauchesne et associés, il y a quelques années, nous apprend qu'environ 18 % des Québécois dînent dans un restaurant rapide de type fast-food. On y apprend également que 27,7 % des Québécois mangent dans un restaurant pas trop cher, traditionnel, avec service aux tables la fin de semaine, alors que 26,7 % mangent dans un bon restaurant.[159]

Une étude[160] réalisée par la firme Léger marketing nous apprend quant à elle, que les femmes (34 %), les personnes âgées de 55-64 ans (39 %) et de 65 ans et plus (45 %), les universitaires (35 %), les résidents de la grande région métropolitaine de Québec (36 %) et les résidents de l'Est de la province (40 %), sont plus enclins à déclarer consommer plus de poissons et de fruits de mer au restaurant.

Quant aux hommes (36 %), aux jeunes de 18-24 ans (42 %), aux familles avec enfants (32 %) et aux personnes dont le revenu est compris entre 40 000 $ et 60 000 $, ils sont plus enclins à déclarer consommer plus de viande au restaurant.

L'entreprise Newad possède plus de 18 500 faces d'affichage dans 2 600 établissements à travers le pays, dont des panneaux classiques, numériques, lumineux, lenticulaire et sonores. Zoom Média possède quant à elle plus de 9 300 panneaux situé dans plus de 1 600 restos-bars.

Les ascenseurs

L'ascenseur a longtemps été considéré comme un simple moyen de transport. Aujourd'hui, il est considéré comme un support publicitaire à part entière. Les plus convoités se trouvent dans les tours à bureaux, les immeubles résidentiels et les grandes chaînes d'hôtels.

Il permet de rejoindre un public captif, puisque les gens qui l'utilisent y sont confinés pendant de longues secondes, à chaque déplacement.

Certains permettent d'afficher une publicité statique sur les murs via un panneau prévu à cet effet. Il est également possible de maquiller, en partie ou en totalité, l'intérieur de certaines cages d'ascenseur ainsi que l'extérieur des portes.

Par exemple, Swiss Skydive, une école de parachute Suisse, a apposé un autocollant représentant une photo aérienne d'une ville au plancher d'un ascenseur. L'opération visait à surprendre les gens en leur offrant un avant-goût des sensations vécues lors d'un saut en parachute.

Sachez également que certains ascenseurs sont équipés d'écrans numériques permettant d'afficher une publicité à travers une programmation d'informations nationales et de divertissement. La compagnie *Captivate Network* possède plusieurs de ces appareils installés dans des ascenseurs d'édifices de Montréal, Toronto, Calgary, Edmonton et Vancouver.

Les centres de conditionnement physique

Afficher dans les centres de conditionnement physique vous permet de rejoindre des gens actifs, soucieux de leur santé et de leur apparence. On retrouve des panneaux affiches principalement dans les zones cardio et musculation ainsi que dans les vestiaires.

Au Canada, l'entreprise Zoom Média compte 1 000 écrans numériques, répartit dans 330 centres de conditionnement physique, qui intègrent visuels, sons et mouvements. Selon l'entreprise, les consommateurs actifs représentent une cible plus scolarisée, plus aisée et plus influente que le consommateur moyen.

Les arénas

Chaque semaine, des centaines de milliers de canadiens prennent d'assaut les arénas du pays pour pratiquer un sport de glace ou comme spectateurs. Selon Statistique Canada, 11% des enfants canadiens âgés de 5 à 14 ans jouent au hockey.[161] Chez les 15 ans et plus, la proportion atteint 5 % de la population, ce qui équivaut à environ 1,3 millions de personnes.[162]

Afficher dans les arénas permet de rejoindre une clientèle active bénéficiant d'un revenu familial supérieur à la moyenne. Au Québec, Sport Média Inc. offre des solutions d'affichage dans plus de 200 arénas.

Il est possible d'afficher sur les portes, les murs intérieurs et extérieurs, les bandes de patinoires, les vitrines, le panneau indicateur, la zamboni ainsi que dans la chambre des joueurs et sur des bannières suspendues au plafond.

Les grandes entreprises qui disposent d'importants budgets marketing peuvent, quant à elles, cibler les arénas dans lesquels évoluent les équipes professionnelles.

Par exemple, en 2002, Bell Canada a acquis pour 100 millions de dollars les droits de nom de l'aréna ou évolue le Canadien de Montréal. Cette entente inclus l'identification dominante de l'édifice, du centre de la patinoire, de la signalisation, des billets et de l'ensemble du matériel promotionnel de l'édifice.[163]

Le Centre Bell offre de nombreux formats d'affichage dont certains, comme les bandes de patinoires, permettent de rejoindre les spectateurs et les téléspectateurs.

Pour un match de hockey télédiffusé, les afficheurs sur les bandes de patinoire disposent d'environ 14 minutes d'expositions totales.[164] Quant à l'auditoire, il peut atteindre des centaines, voire des millions de personnes.

Les stades

Les stades offrent sensiblement les mêmes formats publicitaires que les arénas et tout comme ces derniers, ils permettent de rejoindre de nombreuses personnes lors de grands rassemblements culturels et sportifs.

Par exemple, en 2015, Volkswagen a affiché son nom sur les bandes du Stade de France lors d'un match de soccer opposant l'équipe locale au Brésil.

Afin d'attirer l'attention, le constructeur automobile allemand a délibérément mal orthographié son nom. Ainsi, on pouvait lire « *Wolkswagen soutient les bleus* » alors qu'on aurait dû lire « *Volkswagen soutient les bleus* ».

Plusieurs personnes se sont moqué de l'entreprise jusqu'à ce qu'elle révèle la supercherie et publie le message suivant sur ses médias sociaux : « *Pour ceux qui hésitent, dites VW pour Volkswagen. C'est pourtant facile de ne pas se tromper* ».[165]

Les centres de ski

Selon le Conseil canadien du ski (CCS), on compte environ 275 stations de ski au pays, qui enregistrent plus de 19 millions de visites par saison. Les skieurs et surfeurs canadiens pratiquent leur sport en moyenne 7,5 jours par années et bénéficient d'un revenu annuel moyen de 101 175 $.[166]

Fait intéressant, la majorité des gens qui pratiquent le ski ou le surf des neiges, le font parce qu'il s'agit d'une activité qu'ils peuvent pratiquer en famille.

En 2004, le Réseau de veille en tourisme publia un article[167] sur son site web, dans lequel il faisait référence à une étude menée en Suisse par SGATouristic, en collaboration avec Demoscope Research et Marketing AG.

Cette dernière nous apprend que 62 % des personnes sont favorables à la publicité dans les centres de ski, alors que 25 % sont indifférents. De plus, 73% des répondants considèrent que la publicité fait passer le temps.

On retrouve de l'affichage publicitaire dans le chalet principal, aux abords des pistes, dans les télécabines, sur les remontées mécaniques, voire même sur les canons à neige, comme le démontre l'exemple suivant.

Il y a quelques années, la marque Orbit plaça une affiche représentant le profil d'un garçon avec la bouche ouverte, devant un canon à neige, afin de promouvoir ses chewing-gums à la menthe. La neige projetée donnait l'impression d'une haleine fraiche mentholée.*

Les clubs de golf

Selon Statistique Canada, le golf est le sport le plus pratiqué par les Canadiens âgés de plus de 15 ans. Au total, ce sont près de 1,5 millions de personnes qui pratiquent ce sport au pays, dont 78 % sont des hommes.[168]

Une étude menée par la Chaire de Tourisme des sciences de la Gestion de l'Université du Québec à Montréal ('UQAM), nous apprend que plus de 40 % des golfeurs québécois disposent d'un revenu familial supérieur à 80 000 $ et près d'un golfeur sur quatre déclare un revenu familial supérieur à 100 000 $.

Toujours selon cette étude, les 35-44 ans constitueraient 32 % de tous les golfeurs, les 55 ans et plus 21,8 % et les 34 ans et moins plus de 30 %.[169]

Il est possible d'afficher de la publicité sur les voiturettes, les tertres de départs, la carte de pointage, etc.

Le métro

Le réseau du métro de Montréal comporte quatre lignes qui couvrent 71 km et qui desservent 68 stations, dont les plus achalandées sont : Berri-UQAM (12 896 920 entrées), McGill (11 379 099 entrées), Guy-Concordia (8 179 826 entrées), Bonaventure (8 026 205 entrées) et Longueuil-Université de Sherbrooke (7 809 309 entrées).[170]

Afficher dans le métro permet de rejoindre un public actif et urbain. Aux heures de pointes, la grande majorité des usagers sont, soit des travailleurs, soit des étudiants; une clientèle difficile à rejoindre via les médias traditionnels.

Selon *Métromédia Plus*, l'entreprise qui détient les droits de représentations publicitaires de plus d'une centaine de sociétés de transport public du Canada, plus de 725 000 personnes utilisent le métro de Montréal chaque semaine. Ces derniers passent en moyenne 5 minutes en station et 20 minutes dans les wagons.

L'entreprise possède un réseau numérique qui compte 337 écrans, répartis dans l'ensemble des stations du métro de Montréal, et qui diffusent du contenu éditorial ainsi que de la publicité

Il est également possible d'afficher sur des murales ainsi que sur des panneaux statiques, lumineux et numériques de différents formats que l'on retrouve notamment près des quais d'embarquement et dans les voitures.

En 2014, la chaîne de pharmacies Apotek installa un panneau interactif près du quai d'embarquement dans le métro de Stockholm afin de promouvoir ses shampoings. Équipé d'un capteur d'ultrasons, les cheveux de la jeune fille sur l'affiche bougeaient dans tous les sens à l'arrivée des voitures.

Quelques mois plus tard, la fondation Barncancerfonden repris le même concept, à la différence qu'à la fin, les cheveux de la jeune fille sur l'affiche disparaissaient. L'offensive visait à inciter la population à donner pour la recherche sur le cancer.*

Afin d'augmenter son chiffre d'affaires, Home Plus, un groupe de distribution basé en Corée du Sud, a décidé de miser sur ses ventes en ligne plutôt que d'ouvrir de nouvelles succursales. Des panneaux affiches reproduisant les étalages d'épicerie ont alors été installés dans le métro de Séoul, sur lesquels chacun des produits affichés était accompagné d'un code QR, permettant aux usagers de faire leur épicerie à l'aide de leur cellulaire.

En l'espace de trois mois, plus de 10 000 personnes avaient fait leur épicerie de cette façon. Le nombre de nouveaux membres sur le site web de l'entreprise augmenta de 76 % alors que les ventes en ligne augmentèrent de 130 %.*

Il est également possible de maquiller en parti ou en totalité les voitures, les tourniquets, les escaliers, voire même une station complète.

Par exemple, en 2008, Brad Marketing a orchestré une campagne d'affichage et de maquillage dans le métro montréalais afin de souligner la commandite de Budweiser au Grand Prix du Canada. Le quai d'embarquement de la station de métro Berri-UQAM a ainsi été transformé pour reconstituer l'image du circuit Gilles-Villeneuve.[171]

En plus de l'affichage, le métro offre de nombreuses possibilités aux annonceurs. Par exemple, en 2001, la Société des transports de la communauté urbaine de Montréal (aujourd'hui la Société de transport de Montréal) a pris la décision de permettre l'apposition de réclames sur les cartes de transport autobus-métro.

Peu de temps après, 350 000 usagers ont vu le logo de la station radiophonique COOL FM apparaître sur leur carte d'embarquement.[172]

Afin d'accroître ses revenus, la STM envisage également depuis plusieurs années de vendre le nom de ses stations de métro au privé.

En 2011, le journal *Le Devoir* rapportait qu'il en coûterait au moins six millions de dollars pour qu'une entreprise puisse associer son nom à la ligne orange, la plus achalandé du réseau.[173] La réflexion de la STM n'est sûrement pas étrangère au fait que plusieurs métros à travers le monde ont déjà emboité le pas en ce sens.

Par exemple, en 2013, le groupe britannique de télécommunications Vodafone a payé trois millions d'euros afin qu'une station de métro de Madrid porte son nom pour les trois prochaines années.

La station emblématique Sol a ainsi été rebaptisée « *Sol Vodafone* » et le logo de l'entreprise a été intégré à la signalisation.[174] Un toboggan aux couleurs de Vodafone a même été installé, durant quelques jours, afin de promouvoir la vitesse 4G.

Les nouvelles technologies amène aussi leur lot d'opportunités. Par exemple, en Allemagne, l'agence BBDO utilisa une technologie novatrice pour promouvoir Sky Go, un service de télévision en ligne. Une publicité sonore était perceptible uniquement lorsque les gens appuyaient leur tête sur la fenêtre d'un wagon.

Les aéroports

Les aéroports permettent de rejoindre une clientèle active disposant d'un revenu supérieur à la moyenne. En France, l'Enquête Nationales des Passagers Aériens 2013-2014 nous apprend que 56 % des passagers sont des hommes et que 61,2 % sont âgés de moins de 45 ans.

L'Enquête nous apprend également que la grande majorité des voyageurs sont des Cadres moyens, Professions intermédiaires

(22,9 %) et des Cadres supérieurs, Chefs d'entreprises (23,8 %). La catégorie des employés constitue quant à elle, 20,2 % des passagers aériens, les retraités 12,5 % et les étudiants ou lycéens 11,6 %. Finalement, environ les deux tiers se déplacent pour des motifs personnels et l'autre tiers pour des motifs professionnels.

Au Canada, l'Aéroport Montréal-Trudeau est l'un des plus achalandé au pays, avec plus de 14 millions de passagers et deux millions de visiteurs par année. Il offre différents formats d'affichages publicitaires statiques à l'intérieur et à l'extérieur, ainsi que des formats grandioses et numériques dans les lieux achalandés et d'attentes prolongés.

En 2014, Astral Affichage lança un nouveau produit d'affichage, soit une murale de 470 pieds située au point de fouille de l'Aéroport Montréal-Trudeau. Selon l'entreprise, plus de 10 millions de personnes par année attendent plusieurs minutes devant cet endroit avant de prendre leur vol. L'entreprise Diesel fut le premier client à profiter de ce forfait.

Certains aéroports offrent la possibilité d'afficher de la publicité sur les tapis des carrousels à bagages étant donné que de nombreuses personnes attendent de longues minutes à cet endroit. Il est également possible de développer des concepts originaux, comme l'a fait KLM Royal Dutch Airlines, la compagnie aérienne nationale Néerlandaise.

Dans le but de promouvoir ses nouveaux sièges qui équipent ses appareils, l'entreprise développa une campagne d'affichage et embaucha le magicien Ramana afin qu'il exécute une tour de lévitation à l'aéroport de Manchester. Les passants ont donc pu apercevoir l'homme qui semblait confortablement assis alors qu'il flottait dans l'air.*

L'affichage sauvage

L'affichage sauvage consiste à apposer une publicité dans un lieu ou sur un bien sans avoir obtenu, au préalable, l'autorisation du propriétaire. La plupart du temps, ce type d'affichage se retrouve sur des infrastructures publiques, comme des immeubles, des statuts, des clôtures, des trottoirs ou des lampadaires.

En 2009, les autorités municipales de la ville de Sherbrooke ont procédé à un relevé de poteaux et sur 163 lampadaires, 95 % faisaient l'objet d'affichage sauvage.[175]

La plupart des municipalités considèrent ce type d'affichage comme illégal et par conséquent, elles ont adopté des politiques leurs permettant d'imposer des amendes pouvant atteindre quelques centaines, voire quelques milliers de dollars, pour les récidivistes.

Malgré les risques, plusieurs entreprises choisissent cette avenue. Par exemple, en 2015, une bannière géante a été installée sur un immeuble montréalais en construction depuis plus de 10 ans.

Ce dernier devait initialement abriter le projet de l'îlot Voyageur, avant d'être revendu au gouvernement du Québec, qui l'a à son tour, revendu à un promoteur immobilier. La stratégie signée par DentsuBos visait à promouvoir la nouvelle émission de Canal Vie intitulé *J'ai raté mes rénos!**

Quelques jours plus tard, Réno-Assistance, un service d'assistance aux propriétaires, a répliqué en affichant à son tour une bannière sur le même immeuble, et sur laquelle était inscrit : *Avec nous, ça ne serait pas arrivé.*

Certains comme Rona poussent l'audace encore plus loin. En 2009, l'entreprise a placé une bannière à l'aide de grues, sous une affiche du géant Apple. Cette dernière montrait des appareils iPod dégoulinant de couleurs, alors que celle de Rona montrait des pots récupérant les coulisses, accompagnés de la signature : *Nous récupérons les restes de peinture.**

D'autres obtiennent l'aval du propriétaire, mais laissent planer le doute qu'il s'agit d'affichage sauvage. En Allemagne, l'entreprise Ogo a utilisé cette stratégie en peinturant son logo un peu partout dans les rues branchées de Berlin, soit sur certaines façades d'immeubles, portes cochères, palissades ou rideaux métalliques des magasins.

Plusieurs croyaient cette campagne illégale alors que les propriétaires d'immeubles avaient donné leur accord et percevaient un loyer mensuel pouvant atteindre plus de 1 000 euros. En peu de temps, Ogo a atteint une notoriété inattendue.[176]

Comme mentionné précédemment, plusieurs municipalités se sont dotées de règlements afin d'éliminer ce type d'affichage du paysage urbain. Certains élus zélés vont même jusqu'à menacé les contrevenants sur la place publique.

Par exemple, en 2016, Luc Ferrandez, maire du Plateau Mont-Royal à Montréal, n'a pas apprécié l'offensive d'une agence qui avait placardé des publicités d'Ikea sur certains triplex de son arrondissement.

Il publia le message suivant sur les réseaux sociaux : « *À la firme de pub qui a décidé de lancer une campagne de publicité sauvage sur des murs de triplex du Plateau: vous jouez avec le feu. Nous allons vous identifier, vous poivrer de contraventions et vous faire perdre votre contrat avec Ikea. Je serais vous - j'enlèverais ça tout de suite ».*[177]

Ikea contacta rapidement monsieur Ferrandez afin de présenter ses excuses et s'engagea à retirer rapidement les affiches incriminantes.

CINQ CONSEILS PRATIQUES :

1. Comme nous l'avons vu précédemment, un panneau affiche doit être vu et compris en seulement quelques secondes. L'information doit donc être simple et concise. En ce sens, utilisez des images pour transmettre un message, car comme nous l'avons vu précédemment, elles sont comprises beaucoup plus rapidement qu'un texte. De plus, positionnez votre logo en évidence afin de faciliter l'attribution de la publicité et utiliser un maximum de sept mots. Par exemple, en 2013, l'Ordre des dentistes du Québec a positionné un panneau affiche à l'entrée du pont Champlain, sur lequel était inscrit « *On répare les ponts* »;

2. Portez une attention particulière à la police d'écriture. Les polices avec empattement sont plus lisibles que celles sans empattement. De plus, une police trop fine peut être illisible à une certaine distance, tout comme une police en caractères très gras. L'espacement entre les lettres doit également être considéré. Trop rapprochées, elles peuvent donner l'impression de se confondent entre-elles. Finalement, sachez que les textes écrits en lettres minuscules sont lus plus rapidement que les textes écrits en lettres majuscules;

3. Vous devez également considérer la grosseur du lettrage. Pour vous aider, vous trouverez, en annexe, un tableau

produit par la compagnie Astral Affichage, qui indique la taille optimale de lettrage à utiliser pour obtenir un impact maximal en fonction de la distance;

4. La plupart des gens empruntent chaque jour le même trajet pour se rendre au travail ou à l'école. Ils reproduisent un comportement de façon mécanique et par conséquent, ils sont beaucoup moins attentifs à leur environnement au fil du temps. D'où l'importance de les surprendre à l'aide de concept originaux. Une façon efficace consiste à créer des campagnes d'affichage qui utilisent l'extérieur du cadre publicitaire;

5. Utilisez des contrastes de couleurs percutants, car certains facteurs comme l'éclairage ou la distance peuvent influencer la vision des gens. D'autant plus que la population est vieillissante et que le taux de myopie est en hausse dans pratiquement tous les pays.

INTERNET

Après des débuts modestes, la publicité sur Internet connu une ascension fulgurante. Vingt ans seulement après le lancement de la première bannière publicitaire, Internet délogea la télévision à titre de média canadien générant les revenus publicitaire les plus élevés. [178]

Aujourd'hui, ce média fait partie du quotidien de la grande majorité des gens. Selon une enquête[179] du CEFRIO, 86,2 % des foyers québécois étaient branchés à Internet en 2015. Le pourcentage augmente dans les foyers scolarisés et bénéficiant d'une revenu élevé.

On note également une corrélation importante entre l'âge et l'utilisation d'internet. Ainsi, les personnes âgées de 18-24 ans (31,6 h/s) passent près de trois fois plus de temps en ligne que les personnes âgées de 75 ans et plus (10,7 h/s).

L'étude nous apprend également que les hommes passent plus de temps en ligne que les femmes, soit 22 heures par semaine en comparaison à 19,1 heures par semaine pour les femmes.

Principales forces

L'Internet offre une grande latitude en matière de créativité, mais surtout, il permet de cibler des gens en fonction de critères précis, comme l'âge, le lieu de résidence, voire même les centres d'intérêts.

Son coût est relativement bas, en comparaison à d'autres médias, et il offre la possibilité de créer des interactions, notamment en dirigeant les internautes vers un site web.

De plus, il permet de modifier rapidement une campagne publicitaire et d'évaluer son efficacité à l'aide de statistiques, comme le nombre de clics, le nombre de pages vues, le nombre de partages ou encore, la provenance du trafic d'un site web.

Principales faiblesses

Bien que la plupart des internautes acceptent la présence de la publicité en ligne, leur niveau de confiance à son égard est relativement faible.

Selon une étude commandée par *Les normes canadiennes de la publicité*, seulement 10 % des canadien sont à l'aise avec le niveau de véracité et d'exactitude des fenêtres publicitaires en ligne, et moins du quart le sont avec les publicités qui précèdent les vidéos en ligne (21 %), les publicités présentent sur des moteurs de recherche (21 %), les bandeaux publicitaires en ligne (19 %) et les publicités dans les médias sociaux (17 %).[180]

Notons également que plusieurs internautes installent des logiciels sur leur ordinateur qui ont comme principale fonction de bloquer les réclames publicitaires, dont les pop-up, les bannières et les publicités vidéo.

Ce phénomène est plutôt inquiétant, car le nombre d'internautes à travers le monde utilisant ce type de logiciels est passé de 21 millions en janvier 2010 à 198 millions en juin 2015 selon une étude réalisée par PageFair et Adobe[181].

Au Québec, ce sont près de la moitié des propriétaires d'ordinateurs qui utilisent un tel dispositif. Les hommes (52,7 %), les jeunes âgés de 18 à 24 ans (64,1 %), les universitaires (53,6 %) ainsi que les gens bénéficiant d'un revenu familial annuel supérieur à 80 000 $ (62,4 %) sont les plus grands adeptes de cette technologie.[182]

Finalement, le Web évolue rapidement et par conséquent, il peut s'avérer complexe pour les non-initiés.

Principaux formats

Comme mentionné précédemment, Internet offre une grande latitude en matière de créativité. Voici d'ailleurs les principales possibilités qui s'offrent à vous.

La bannière

La première publicité professionnelle à avoir été diffusée sur le web était une bannière réalisée pour le compte de l'opérateur de téléphonie *American Telephone & Telegraph* (AT&T). Cette dernière a été publiée sur la page d'accueil du site HotWired.com en 1994.

Aujourd'hui, on retrouve une grande variété de formats de bannières sur le marché, dont des bannières animées et interactives.

L'habillage de site web

Ceci consiste généralement à habiller la page d'accueil d'un site web aux couleurs d'une marque, créant ainsi un fort impact pour l'annonceur. Fréquemment utilisé pour augmenter la notoriété d'une marque, annoncer des soldes ou pour souligner le lancement d'un nouveau produit.

L'interstitiel

L'interstitiel consiste à placer une publicité entre deux pages d'un site Internet. Cela peut être avant la page d'accueil ou entre deux pages secondaires du site en question. Cette technique, parfois jugée agressive et abusive, oblige l'internaute à regarder la publicité avant d'avoir accès au contenu souhaité.

Le « Pre-rolls »

Il s'agit d'une annonce publicitaire positionnée avant le début d'un fichier vidéo. Plusieurs internautes détestent ce genre de publicité, surtout celles qu'on ne peut sauter.

En effet, une étude menée en 2015 par Limelight Networks a démontré que 26,7 % des internautes ne regardent pas une vidéo si cette dernière est précédée d'une publicité impossible à sauter.

Une étude menée par eMarketer révèle quant à elle que 61,8 % des internautes abandonnent l'écoute d'une vidéo numérique si trop de publicités y sont présentées.[183]

Si vous choisissez ce format, permettez aux internautes de sauter votre publicité après quelques secondes. Afin d'éviter qu'ils agissent de la sorte, développez des concepts originaux qui sauront capter leur attention dès les premiers instants.

Par exemple, l'agence Nail Communications a mise en ligne une publicité dans laquelle elle menaçait d'électrocuter (de façon humoristique) un chiot si les gens cliquaient sur le bouton ignorer. Selon l'entreprise, 26 % des internautes ont écouté la publicité dans son intégralité.*

Le « *Pop-up* »

Tous les internautes ont un jour ouvert un site pour ensuite voir s'ouvrir deux trois fenêtres publicitaires additionnelles. Ce type de publicité est mal perçu et considéré comme intrusif par la plupart des internautes.

Google AdWords

AdWords est le programme de publicité offert par le géant Google. Il permet de faire l'achat de liens sponsorisés en fonction de mots clés. En d'autres mots, la publicité apparait en fonctions des recherches effectuées par les internautes.

La publicité sur les réseaux sociaux

Les réseaux sociaux offre de belles possibilités. Tout d'abord, il est dans bien des cas possible de créer une publicité en seulement quelques minutes. De plus, ils permettent de cibler un public en fonction de critères précis, comme le lieu de résidence, le sexe, l'âge, les centres intérêts, l'éducation, les comportements d'achats, etc.

Selon EMarketer, les investissements publicitaires sur les réseaux sociaux devraient atteindre 23,68 milliards de dollars dans le monde en 2015 et 35,98 milliards de dollars en 2017, soit 16 % du budget mondial investi en publicité numérique.

Toujours selon EMarketer, Facebook, Twitter et LinkedIn devraient respectivement représenter 65,5 %, 8,8 % et 3,8 % du budget mondial alloué à la publicité sur les réseaux sociaux. Examinons de plus près ces trois joueurs.

Facebook

Facebook est sans contredit le réseau social le plus populaire au monde. Il compte plus de 1,3 milliard d'utilisateurs, dont 64 % qui consultent le réseau quotidiennement.[184] En 2008, un sondage commandité par Telindus révélait que 39 % des Américains âgés de 18 à 24 ans songerait à quitter leur emploi si leur entreprise bloquait Facebook.[185]

Barack Obama inclut ce réseau social dans sa stratégie visant à le faire élire comme président des États-Unis en 2008. Il a investi quelques 370 000 $ en publicité en septembre avant d'être élu pour un premier mandat en novembre de la même année.[186]

Facebook est également propriétaire du site de partage de photos Instagram depuis 2012. À cette époque, ce réseau revendiquait 80 millions d'utilisateurs alors qu'il en compte plus de 300 millions aujourd'hui. Un réseau intéressant pour les entreprises qui ont quelque chose à montrer, comme les entreprises de l'industrie de la mode ou des secteurs automobile et alimentaire.

Twitter

Twitter a été enregistré comme société le 19 avril 2007. Il a récemment franchi le cap des 300 millions d'utilisateurs, dont 288 millions d'utilisateurs actifs par mois. Selon l'entreprise, 500 millions de tweets sont envoyés par jour et 80 % des utilisateurs actifs sont sur mobile.[187]

LinkedIn

LinkedIn a débuté dans le salon du co-fondateur Reid Hoffman en 2002 et a été officiellement lancé le 5 mai 2003. Il revendique aujourd'hui plus de 300 millions d'utilisateurs dans plus de 200 pays et territoires du monde.[188] Il s'agit d'un réseau intéressant pour rejoindre les professionnels et les dirigeants d'entreprises (B2B).

Le courriel

Consulter sa boîte de courriels fait maintenant parti du quotidien de bien des gens. Une étude menée en 2015, à l'initiative du SNCD et d'Experian Marketing Services, a d'ailleurs permis de constater que 96 % des internautes consultent leur boîte de courriel principale au moins une fois par jour.

Il n'est donc pas surprenant de constater que plusieurs entreprises utilisent le courriel pour promouvoir leurs produits et services.

Certains ont cependant abusé de cette technique, si bien que les courriels commerciaux ont reçu le titre peu enviable de pourriels, au même titre que les courriels visant à frauder les gens ou à faire la propagande de virus informatiques.

Face à ce fléau, plusieurs pays ont instauré des lois visant à éliminer les courriels non sollicités. Au Canada, la loi canadienne anti-pourriel, l'une des plus sévères au monde, est en vigueur depuis le 1er juillet 2014.

Par conséquent, les entreprises qui souhaitent envoyer des messages électroniques commerciaux au Canada doivent dorénavant satisfaire à trois exigences, soit obtenir le consentement du destinataire, s'identifier clairement et inclure un mécanisme d'exclusion. Les entreprises qui enfreignent la loi s'exposent à des amendes pouvant atteindre dix millions de dollars.[189]

Les courriels commerciaux peuvent donner d'excellents résultats en respectant quelques règles de base. Par exemple, l'envoie doit être personnalisé, le contenu doit être intéressant et une attention particulière doit être portée à l'objet du courriel.

En effet, ce dernier doit non seulement capter l'intérêt des gens, mais il doit exclure certains éléments susceptibles d'attirer l'attention des logiciel anti-spam, comme l'abus de majuscules et de caractères spéciaux, ainsi que certains mots associés aux pourriels tels que Gratuit, Urgent, Promotion, Crédit, Augmenter, Réduction, etc.

Quant au meilleur moment pour envoyer un courriel, certaines études ont démontré que les courriels commerciaux envoyés durant le weekend donnaient de meilleurs résultats, tout comme ceux envoyés entre 8 PM et 12 AM. Par contre, je vous recommande de prendre ces données à la légère et de faire des tests afin de déterminer le moment qui convient le mieux à votre entreprise.

La vidéo

Selon l'enquête NETendances 2014 du CEFRIO, 57,2 % des internautes québécois regardent des vidéos sur Internet pour se divertir, et ce, à partir de site comme YouTube, Dailymotion ou Vimeo. Les diplômés du primaire et du secondaire sont moins enclins que la moyenne à pratiquer cette activité, alors que les diplômés collégiaux et universitaires le font dans une plus grande proportion. De plus, 75 % des gens âgés entre 18 et 44 ans pratiquent cette activité, contre 39 % des 45 ans et plus.

De plus en plus populaires, les vidéos sont très bien perçues par les internautes, car ce sont eux qui font le choix de les regarder. Une entreprise peut produire différents types de vidéo, comme des tutoriels. Elle peut également tenter de créer une vidéo virale, comme dans les exemples suivants.

En septembre 2008, un groupe d'artistes québécois a mis sur le très populaire site *YouTube,* une vidéo de trois minutes dénonçant les compressions du gouvernement Harper dans le milieu de la culture. À sa première journée de diffusion, 38 000 internautes l'ont visionnée. Quelques jours plus tard, ils étaient plus de 400 000 personnes à l'avoir vue.*

En 2012, la marque LG a mis en ligne une vidéo dans laquelle elle piégea des gens en caméra cachée. Croyant être convoqués à un entretien d'embauche, des candidats ont vu apparaître à la fenêtre, disposée derrière l'interviewer, une météorite s'écrasant sur un édifice. Après avoir cru au pire, les candidats ont appris que la fenêtre était en réalité un écran Ultra HD de 84 pouces de LG.

Cette vidéo connu un grand succès avec plus de 17 000 000 de visionnements.*

En 2013, une vidéo fût tournée afin de promouvoir le film d'horreur *Carrie, la vengeance,* dans un café new-yorkais bondé de gens. Une femme qui interprète Carrie, le personnage principal du film reconnu pour ses pouvoirs télékinésiques et ses crises de colère, perd son sang-froid après qu'un homme ait renversé son café sur elle. En moins d'une semaine, la vidéo avait été visionnée plus de deux millions de fois sur *You Tube.**

Quelques mois plus tard, on utilisa la même stratégie pour promouvoir le film d'horreur *Devil's Due.* Cette fois, on abandonna une poussette et un faux bébé dans les rues de New York.

Lorsque les passants s'en approchaient, le bébé se levait subitement en hurlant comme un démon. Au moment d'écrire ces lignes, la vidéo postée sur You Tube avait été vue plus de 50 000 000 de fois et avait générée plus de 25 000 commentaires.*

Un dernier exemple concerne le transporteur aérien West Jet qui d'année en année, réussit des coûts d'éclat. À leur arrivée à l'aéroport de Toronto, les passagers d'un vol à destination de Calgary ont pu parler au Père Noel via une borne interactive.

Durant le vol, une centaine de salariés de West Jet se sont rendus dans des boutiques, afin de répondre aux demandes des gens qui ont vu leur vœux exaucés à leur arrivé à Calgary. Plusieurs médias de partout à travers le monde soulignèrent l'initiative, alors que la vidéo produite pour l'occasion fut visionnée plus de 40 millions de fois.*

CINQ CONSEILS PRATIQUES :

1. La publicité sur Internet et la publicité télévisuelle ou radiophonique peuvent représenter un excellent mixte média. En effet, de plus en plus de gens naviguent sur le web à l'aide d'un appareil mobile, tout en regardant la télévision ou en écoutant la radio en simultané;

2. Sachez que selon un rapport de la firme PageFair[190], plus de 25 % des visiteurs des sites classés dans la catégorie des jeux et de la technologie bloqueraient la publicité. À l'opposé, les sites axés sur des intérêts locaux, les finances et le voyage seraient ceux qui sont le moins touchés;

3. La position et le format d'une publicité peuvent influencer son efficacité. Une étude[191] réalisée par Google nous apprend que 56,1 % des publicités Internet ne seraient pas vues par les internautes, notamment parce qu'elles se trouvent sous la ligne de flottaison, c'est-à-dire que les utilisateurs doivent dérouler le contenu pour l'apercevoir. Toujours selon cette étude, la meilleure position pour une publicité serait juste au-dessus de la ligne de flottaison, et non complètement en haut de la page, comme le crois plusieurs personnes. De plus, les formats verticaux obtiendraient de meilleurs résultats que les formats horizontaux;

4. Ne vous fiez pas seulement au nombre de clics pour évaluer le succès d'une campagne publicitaire. Une étude[192] menée conjointement par *Starcom*, *Tacoda* et *ComScore* a révélé que 16 % des gens sont responsables de 80 % de tous les clics;

5. Offrez des incitatifs aux internautes, comme des codes promotionnels qui permettent d'obtenir des rabais. Ceci augmentera le taux d'engagement des internautes.

AUTRES

Comme nous le verrons dans les pages qui suivent, il existe une panoplie de supports publicitaires autres que les médias de masse, comme le dépliant, l'accroche-porte, l'autocollant voire même le tatouage ou la barbe. Selon votre objectif, ces supports peuvent s'avérer très efficaces.

La carte professionnelle

La carte professionnelle, communément appelée carte d'affaires, se résume souvent aux coordonnées professionnelles d'un employé d'une organisation. Pourtant, il s'agit d'un support publicitaire à part entière.

Le verso offre la possibilité d'ajouter une plus-value telle une description d'un produit ou d'un service, des statistiques percutantes, une liste de bénéfices, etc. Vous pouvez également développer des concepts originaux qui vous permettront de vous démarquer de la compétition.

Par exemple, James A.W. Mahon, un avocat spécialisé dans les causes de divorce, a développé une carte professionnelle qui se sépare en deux afin que chacun des partis ait ses coordonnées.

L'enseigne commerciale

L'enseigne commerciale permet d'identifier et de promouvoir une entreprise, et ce, 24h/24, 7 jours par semaine. Son format et son positionnement doivent être adéquats afin d'offrir un impact maximal. Elle doit également respecter certaines normes graphiques au même titre qu'un panneau publicitaire, définir clairement la nature des activités de l'entreprise, et évidemment, respecter la règlementation municipale en vigueur.

Le véhicule corporatif

Plusieurs entreprises font le choix de transformer leur véhicule commercial en vecteur publicitaire, comme dans l'exemple ci-dessous.

Si tel est votre cas, entretenez votre véhicule, tant au niveau de la mécanique que de l'esthétisme, car ce dernier représente l'image de votre entreprise. Assurez-vous également de le garer près des zones achalandées afin de maximiser son impact.

Finalement, soyez courtois avec les autres conducteurs et respectez le code de la route. Si plusieurs personnes ont accès au véhicule, songez à mettre en place une politique d'utilisation qui dictera un code de conduite.

Le bâtiment

Les bâtiments peuvent représenter d'excellentes occasions pour développer des concepts publicitaires originaux. Par exemple, en 2014, Ikea et l'agence de communication Ubi Bene ont créé un mur d'escalade de près de 100 m² sur un bâtiment afin de promouvoir l'ouverture du 30ᵉ magasin de la chaîne en France.

Toujours en 2014, OBI, une entreprise allemande spécialisée dans la construction et la rénovation, a restauré des parcelles de bâtiments sous lesquelles elle inscrivit Renovated with OBI (Rénové avec OBI).*

La compagnie aérienne Air Transat a, quant à elle, illuminée des façades d'immeubles à l'aide de puissants projecteurs. Des étiquettes géantes, faisant la promotion de certaines destinations soleil, ont ainsi été projetées sur des bâtiments de Montréal et Toronto au début du mois de janvier 2015.

Le timbre

En 1996, la Société canadienne des postes lança un timbre illustrant un camion de livraison des années 1930 de la brasserie Labatt. La société a également émis un timbre en 1995, sur lequel on pouvait apercevoir une motoneige Ski-Doo de Bombardier.

Le macaron

Le macaron est utilisé depuis des lunes et offre une panoplie de format sur lesquels il est possible de s'afficher.

L'accroche-porte

L'accroche-porte permet de cibler spécifiquement des zones géographiques, comme des rues ou des quartiers. Il est possible de développer différents formats et d'inclure des coupons-rabais, comme dans l'exemple suivant.

Le publisac

Le Publisac, c'est plus de 3,5 millions de portes rejointes partout au Québec et 5,1 millions de lecteurs par semaine[193]. Plusieurs possibilités sont offertes, dont l'affichage sur le sac, l'insertion de matériel dans le sac (dépliant, circulaire, publicité, échantillon, etc.) ou encore une combinaison des deux.

Selon l'entreprise, 91 % des gens qui reçoivent le Publisac le consultent. Un moyen de communication intéressant pour annoncer des soldes, offrir des coupons-rabais ou distribuer des échantillons de produits.

Le publipostage

De façon générale, le publipostage consiste à envoyer une lettre par la poste qui comporte une proposition commerciale. Cette dernière peut être accompagnée d'un prospectus, d'échantillons, de coupons-rabais, etc.

Les organisateurs du marathon d'Ottawa ont utilisé cette technique avec succès. Tous les participants de l'édition 2008 ont reçu par la poste leur temps personnel accompagné du message suivant : « *Quel sera le temps que vous allez inscrire en 2009?* ».

De façon générale, on peut espérer atteindre un taux de retour de l'ordre de 1,5 % à 2 %. Les campagnes très ciblées peuvent, quant à elles, atteindre un taux de retour avoisinant les 10 %.

Le publicontenu

Le publicontenu consiste à créer des produits, des services ou des contenus à l'effigie d'une marque. Il peut s'agir de magazine, de jeu vidéo, d'émission de radio ou télévision, entièrement financés par une entreprise.

La fusée

En 2000, la chaîne de restaurants *Pizza Hut* a peint un logo de 30 pieds sur une fusée russe. L'entreprise aurait payé un million de dollars pour obtenir cette visibilité.

Le tatouage

Certaines entreprises vont commanditer des athlètes de haut niveau en échange d'un tatouage permanant ou temporaire. Par exemple, en 2014, Reebok a offert aux participants de la course à obstacles Tough Viking de se faire tatouer son logo en échange de cadeaux d'une valeur de 545 euros. Elle a également offert une année de sponsoring au participant arborant le plus gros tatouage.[194]

En 2016, l'athlète américain Nick Symmonds, un spécialiste du 800 et du 1 500 mètres, a mis en vente son épaule pour une durée d'un an sur le site ebay. L'opérateur téléphonique T-Mobile a déboursé pas moins de 21 800 $ pour acquérir ce privilège.[195]

Certains casinos utilisent également cette technique lors de combats de boxe d'envergure afin de promouvoir leur établissement.

L'autocollant

Peu coûteux, l'autocollant est offert en différents formats et permet de créer des concepts originaux. Par exemple, afin de promouvoir le film roumain Domestic, l'agence Graffiti BBDO a eu l'idée d'apposer des autocollants sur les emballages de poulet vendu en supermarché, sur lequel était inscrit : « *Si vous souhaitez savoir ce qui arrivé à ce poulet, allez voir le film Domestic* ». La stratégie a portée fruit puisque le film a fait trois fois plus d'entrées au cinéma que les autres films roumains ayant remporté des récompenses internationales.*

L'emballage

Il est possible de communiquer via les emballages de certains produits, comme les pintes de lait, les gobelets à café, les sacs de baguettes de pain, etc. La marque de dentifrice Colgate a, quant à elle, affiché des publicités à l'intérieur de boîtes de pizzas, afin d'inciter les gens à se brosser les dents. On pouvait notamment lire « *Don't let your dinner breath become your morning breath* » (Ne laissez pas votre haleine du dîner devenir votre haleine du matin).

Le ballon gonflable

Il y a quelques années, la Croix Rouge Américaine a produit des ballons gonflables en forme de sac de sang sur lesquels étaient inscrit : Every *day 2,465 children need you to roll up your sleeves* (Chaque jour, 2465 enfants ont besoin que vous retroussiez vos manches).

Le trottoir

Certaines entreprises utilisent les trottoirs pour se démarquer dans les milieux urbains. Une des techniques les plus rependues consiste à créer un contraste entre la propreté et la saleté, en projetant de l'eau à haute pression sur un pochoir, laissant ainsi apparaître un logo ou un message publicitaire. D'autres utilisent de la craie ou de la peinture qui s'efface après quelques averses.

Le sac réutilisable

L'environnement est au cœur des priorités de plus en plus de gens et représente un enjeu majeur pour l'avenir. Le sac réutilisable permet de démontrer une certaine conscience sociale tout en représentant un excellent support publicitaire.

La troupe de théâtre

Cette technique consiste à embaucher des comédiens qui font un numéro afin de promouvoir un produit ou un service dans un lieu public. Certains spécialistes n'apprécient guère cette technique, car il est parfois difficile de différencier la fiction du réel.

La parade

Il est possible de profiter de l'achalandage généré par des défilés et des parades pour s'afficher. Par exemple, Christie commandite le Carnaval de Québec, où l'on compte près de 750 000 participants annuellement.

Le champ

En France, un mystérieux chiffre 1 est apparu dans un champ de tournesols de Lorraine en 2014. Plusieurs ont cru qu'il s'agissait de l'œuvre d'extraterrestres, jusqu'à ce que la chaîne de télévision Europe 1 annonce qu'elle était derrière cette opération visant à promouvoir la rentrée.

La sculpture

Il est possible de sculpter des éléments de la nature pour se démarquer, comme l'a fait la ferme La Macédoine, située dans la région de l'Outaouais au Québec. Cette dernière a transformé un arbre de 15 mètres de hauteur en asperge géante. La sculpture est visible de la route et ne manque pas d'attirer l'attention des automobilistes.

La neige

La neige peut représenter un excellent support publicitaire. Vous pouvez, par exemple, dessiner une image ou écrire un message en utilisant de l'eau coloré ou des jus de fruits afin de respecter l'environnement.

Tourisme Outaouais a utilisé cette technique en 2014 afin de donner le coup d'envoi à sa saison touristique hivernal. À l'aide d'un pochoir, ils ont estampillé sur la neige l'adresse FORFAITNEIGE.COM à travers la ville de Montréal.*

Euroniks, un détaillant de produits électroniques, a également utilisé la neige, mais de façon différente. Durant la nuit, plus de 300 véhicules ont été à moitié déblayés à la suite d'une tempête de neige afin d'annoncer des rabais pouvant atteindre 50 %. Résultats, les ventes ont augmentées de 22 % par rapport à la précédente campagne promotionnelle.*

Le sable

La compagnie Beach'n Billboard du New Jersey a mis au point une technique permettant de concevoir une publicité sur le sable des plages les plus achalandées. Selon l'entreprise, les plages participantes signalent une réduction de 20 % des détritus à la suite des campagnes.

La carte postale

Les cartes postales publicitaires sont habituellement distribuées gratuitement dans des présentoirs situés dans les bars et restaurants des grands centres urbains.

L'objet promotionnel

La publicité par l'objet est très répandue au sein des entreprises. On l'utilise principalement pour offrir des primes, des incitatifs, des récompenses ou tout simplement pour offrir en cadeaux. Selon un sondage[196] mené pour le compte des Professionnels en produits promotionnels du Canada (PPPC), les vêtements (32 %), les instruments d'écriture (9 %), les articles à boissons (8 %), les calendriers (7 %) et les produits pour le sport (6 %) sont les catégories de produits les plus populaires.

La mascotte

Au Québec, la mascotte la plus populaire est sans contredit Youppi! Cette dernière a représenté les Expos de 1979 à 2004 avant de se joindre aux Canadiens en 2005. Du coup, Youppi! est devenu la première mascotte à œuvrer dans deux ligues de sport professionnel, soit la Ligue majeure de baseball et la Ligue nationale de hockey.

Le sèche-mains

En France, l'entreprise Llicorn a installé un dispositif exclusif et novateur dans certaines brasseries parisiennes. Des sèche-mains intégrant un écran LCD de sept pouces permettent de diffuser des publicités.

Le jeu vidéo

La majorité des joueurs croient que la présence de publicités dans les jeux vidéo contribue à rendre ces jeux plus réels. Selon un rapport publié par l'Association canadienne du logiciel de divertissement (ALD)[197], 51 % des canadiens sont des joueurs. De ce nombre, 46 % sont des femmes, 54 % sont des hommes et l'âge moyen est 31 ans.

En 2007, la Fédération des producteurs de lait du Québec a utilisé ce moyen de communication. On a pu voir les deux mascottes, Léo et Choc, sur des affiches présentes dans une vingtaine de jeux, tels que Need for Speed, Tony Hawk's American Wasteland et MLB 2K7[198].

Le billet de stationnement

Partant du constat que plusieurs personnes mettent leur billet de stationnement dans leur bouche afin de garder les mains libres, la marque de gomme *Extra professionnel* développa un billet de stationnement au goût de menthe.*

Les stores

Il est possible d'imprimer une publicité sur des stores ou des rideaux. Ceci permet d'habiller les fenêtres d'un établissement aux couleurs d'une marque.

Le dépliant

Le dépliant est un document informatif généralement utilisé afin de promouvoir un produit, un service, une entreprise, une organisation, une idée ou un événement. Certains s'en servent comme carte de visite, d'autres le distribuent lors de différents événements, par le biais d'une campagne de publipostage, dans un présentoir, aux portes, sur les pare-brises des véhicules, l'insère dans un magazine ou un journal, etc.

En 2003, quelque 30 000 dépliants, sur lesquels était agrafé un préservatif, ont été distribués par les jeunes péquistes pendant la campagne électorale provinciale au Québec. Sur le dépliant, on pouvait lire la phrase suivante : « *Le 14 avril, passons à l'acte. Restons forts* ».[199]

La barbe

Quand on dit que la publicité est partout et bien voilà qu'un étudiant américain a utilisé sa barbe comme support publicitaire. L'entreprise Dollar Shave Club l'aurait payé quelques dollars par jour afin qu'il épingle à sa barbe un carton publicitaire.*

Le mur d'escalade

La marque Clearex a apposé une affiche de cinq mètres de haut sur le mur du plus grand centre d'escalade d'Israël afin de promouvoir son gel contre l'acné.

La publicité arborait un jeune garçon souffrant de ce problème et dont les boutons étaient représentés par les grippes du mur d'escalade. Des milliers de jeunes ont ainsi été exposés à la publicité durant leurs vacances estivales.*

Les objets connectés

Un nombre impressionnants d'objets connectés font leur apparition chaque année. On peut penser au Google Glass, à l'Apple Watch, au réfrigérateur connecté voire même à la voiture autonome. En effet, au cours des prochaines années, on devrait voir apparaitre sur nos routes des voitures autonomes, qui nous conduirons du point A au point B. Tous ces objets offrent et offriront évidemment des possibilités pour les annonceurs.

CONCLUSION

Vous devriez maintenant être en mesure de mettre en place des offensives publicitaires efficaces et/ou de challenger les professionnels avec qui vous travaillerez. J'aimerais cependant vous donner un dernier conseil.

La plupart des entreprises investissent en publicité avec l'objectif de se faire connaître et de recruter de nouveaux clients. Elles omettent cependant d'investir dans la fidélisation, ce qui équivaut à tenter de remplir un évier sans avoir placé le bouchon au préalable.

Dans son livre *Les réclamations clients*, Philippe Dérie mentionne qu'il en coûte en moyenne cinq fois plus cher de gagner un nouveau client que d'en garder un ancien.[200]

Frederick Reichheld, auteur de *The Ultimate Question,* relate, quant à lui, qu'une amélioration de 5 % du taux de fidélisation de la clientèle se traduit par une hausse de 25 % à 100 % des profits.

Les gens doivent se sentir importants et appréciés pour développer un sentiment d'appartenance. Dans le cas contraire, ils n'auront aucun remord à aller voir un compétiteur dès que l'occasion se présentera.

Une façon simple de démontrer votre appréciation consiste tout simplement à offrir un rabais additionnel ou une récompense à votre clientèle régulière, comme l'a fait la Banque TD du Canada.

Le 25 juillet 2014, plus de 20 000 employés ont remis un billet de 20 $ à chaque client présent dans l'une de ses 1 100 succursales. L'institution financière a également installé des « Guichets automatiques du bonheur » qui parlaient et qui remettaient des cadeaux-surprises.

Une vidéo[201] touchante relatant cette journée a ensuite été diffusée sur la chaîne You Tube. En moins de deux semaines, cette dernière avait été visionnée plus de huit millions de fois. Une belle façon de remercier ses clients tout en faisant la promotion de ses services.*

Certaines entreprises vont, quant à elle, faire le choix d'implanter un programme de fidélisation. Dans un article de Lauren Gibbons Paul publié sur le site Web de Microsoft[202], Martha Rogers, cofondatrice du cabinet-conseil Pepers & Rogers Group, explique que les meilleurs programmes de fidélisation sollicitent des renseignements de la part du client que l'on peut exploiter pour créer un modèle de récompenses uniques.

À titre d'exemple, madame Rogers cite le cas de l'atelier de vélos Zane's Cycles de Brandord, dans l'État du Connecticut, qui propose à ses clients l'entretien gratuit à vie de leurs vélos s'ils prennent le temps de répondre à six questions, dont les réponses sont ensuite stockées dans la base de données du propriétaire.

Ce dernier connait ainsi l'identité des véritables passionnés de vélo parmi ses clients et, est ainsi en mesure de leur offrir des offres ciblées et une attention particulière que tout passionné apprécie.

Dans certains cas, il suffit d'être à l'écoute des gens pour bâtir une banque de renseignements. Lorsque je travaillais comme représentant dans l'industrie brassicole, je me faisais un devoir de noter chaque confidence et chaque détail en lien avec un client afin de personnaliser mes interventions.

Je notais leur date d'anniversaire, leur sport préféré ou encore le nom de leurs enfants. Je pouvais ainsi offrir des cadeaux personnalisés à mes meilleurs clients ou simplement passer les voir le jour de leur anniversaire.

Ces derniers étaient ainsi plus enclins à faire l'achat de mes produits, à les promouvoir et à m'octroyer certaines faveurs telles que de l'espace planché supplémentaire. En fidélisant mes clients, je solidifiais la relation, ce qui me rendait beaucoup moins vulnérable face aux attaques basées sur le prix de mes concurrents.

Contrairement à la croyance populaire, il n'est pas nécessaire de dépenser une fortune en cadeaux pour surprendre les gens. Il y a quelques années, le psychologue Norbert Schwarz a mené une expérience en plaçant à plusieurs reprises une pièce de dix cennes près d'un photocopieur.

Les sujets exposés ont par la suite été interrogés. L'expérience démontra que la satisfaction globale de la vie était beaucoup plus élevée chez les sujets qui avaient trouvé ladite pièce. Schwarz déclara par la suite au Baltimore Sun : « Ce n'est pas la valeur de ce que vous trouvez qui importe, mais bien le fait qu'il vous arrive quelque chose de positif ».[203]

REMERCIEMENTS

Ce livre n'aurait probablement jamais vu le jour sans l'appui, les encouragements et les conseils des personnes ci-dessous.

Tout d'abord, mille mercis à Andrée Laberge, une grande auteure de la littérature québécoise, pour ses encouragements et surtout, pour ses précieux conseils. Sans elle, ce livre ne serait pas ce qu'il est aujourd'hui.

Un immense merci à Luc Dupont, professeur à l'Université d'Ottawa, conférencier et auteur de nombreux ouvrages à succès, dont *1001 trucs publicitaires*, *500 images clés pour réussir vos publicités* et *Quel médias choisir pour votre publicité*.

Ce dernier a généreusement accepté de relire mes textes et m'a offert de précieux conseils. Son apport est d'une valeur inestimable.

Merci à Développement économique – CLD Gatineau de m'avoir permis d'utiliser certains travaux réalisés dans le cadre de mon emploi.

Merci à mes collègues de travail d'avoir accepté de partager leurs anecdotes et leurs connaissances, particulièrement Brigitte Allard, Luc Lévesque, Denis Bureau, Claude Raymond, Michel Plouffe et Jean Lepage.

Merci à Josée Beauvais qui, sans le savoir, m'a grandement motivé au tout début de ma démarche.

Merci à ma mère de m'avoir transmis la passion pour l'écriture et à mon père de m'avoir transmis la passion pour la lecture.

Et finalement, merci à ma conjointe Marie-Josée et à ma grande fille Camille pour leurs encouragements, leur patience et surtout, leur amour. Je vous aime plus que tout au monde.

Merci à tous d'avoir cru en mon projet. Merci d'avoir cru en moi.

ANNEXE

Calendrier : Liste d'événements à considérer

À noter que cette liste est présentée à titre indicatif seulement. Elle devra être bonifiée et adaptée selon le marché visé et le secteur d'activité de l'entreprise.

Exemples d'événements ponctuels :

- Résolutions du Nouvel An;
- Black Friday;
- Cyber Monday;
- La fête des célibataires (11 novembre);
- Boxing Day (26 décembre);
- Saint-Valentin (14 février);
- Poisson d'avril (1er avril);
- Fête des Mères;
- Fête des Pères;
- Fêtes nationales (Fête nationale des États-Unis (4 juillet), Fête nationale française (14 juillet), etc.)
- Changement d'heure;
- Bals des finissants scolaires;
- Halloween (31 octobre);
- Arrivé du printemps, de l'été, de l'automne et de l'hiver;
- Élections (municipales, provinciales, fédérales, etc.);
- Movember (novembre);
- Noël des campeurs (24 juillet);
- Vacances de la construction (2 dernières semaines de juillet);
- Déménagement (1er juillet);
- Défilé (de la fierté gaie, du Père-Noel, etc.)
- Carnaval de Québec;
- Saint-Patrick (17 mars);

- Festivals (Festival d'été de Québec, Festival International de Jazz de Montréal, etc.);
- Anniversaires (5 ans, 10 ans, 15 ans…);
- Foires et salons (Salon de la femme, Salon de l'automobile, Salon de la mariée…)…

Exemples d'événements sportifs :

- Jeux Olympiques d'été et d'hiver;
- Super Bowl;
- Coupe Grey;
- Séries mondiales de l'Association mondiale de baseball;
- Matchs du Canadien de Montréal;
- Séries éliminatoires de la LNH;
- Match des étoiles de la LNH;
- Coupe du Monde de la FIFA;
- Grand Prix de Formule 1 de Montréal;
- Tour de France;
- Coupe Rogers
- Marathons (Montréal, Ottawa, Boston…)…

Exemples d'évènements caritatifs :

- Le Défi des têtes rasées Leucan;
- Le Grand défi Pierre Lavoie;
- Le 24 heures de ski et vélo de Tremblant;
- Le Relais pour la vie;
- Tour CIBC Charles-Bruneau;
- Classique de golf Rêves d'enfants…

Exemples de journées thématiques :

- Journée internationale des câlins (21 janvier);
- Journée mondiale contre le cancer (4 février);

- Journée mondiale sans Facebook (28 février);
- Journée internationale de la femme (8 mars);
- Journée internationale sans viande (20 mars);
- Journée mondiale de l'eau (22 mars);
- Journée internationale de la Terre (20 ou 21 mars);
- Journée mondiale de la santé (7 avril);
- Journée internationale des secrétaires (avril);
- Journée sans chaussure (avril);
- Journée mondiale sans tabac (1er mai);
- Journée internationale sans diète (1er mai);
- Journée internationale des familles (15 mai);
- Journée sans maquillage (variable);
- Journée mondiale de l'environnement (5 juin);
- Journée mondiale contre la faim (15 juin);
- Journée internationale de l'amitié (30 juillet);
- Journée internationale des gauchers (15 août);
- Journée mondiale de prévention du suicide (10 septembre);
- Journée internationale sans voiture (22 septembre);
- Journée mondiale du cœur (26 septembre);
- Journée internationale des personnes âgées (1er octobre);
- Journée internationale de la non-violence (2 octobre);
- Journée mondiale des animaux (4 octobre);
- Journée mondiale des enseignants (5 octobre);
- Journée mondiale de la santé mentale (10 octobre);
- Journée internationale de la gentillesse (13 novembre);
- Journée internationale des diabétiques (14 novembre);
- Journée mondiale de lutte contre le SIDA (1er décembre);
- Journée internationale des personnes handicapées (3 décembre)...

Exemples d'événements religieux :

- Noël (25 décembre);
- Pâques (variable);
- Ramadan (9e mois du calendrier musulman);
- Aïd al-Fitr : fête qui marque la fin de la période de jeûne associé au ramadan. Des présents sont remis aux enfants et des festins, regroupant la famille et les amis, sont organisés. (1er jour suivant la fin du ramadan);
- Hanoucca : Fête juive festive qui souligne la reconquête de Jérusalem. D'une durée de huit jours, elle représente probablement la fête non chrétienne la plus fêtée au Canada (variable : novembre-décembre);
- Nouvel An chinois : Début de la fête du printemps qui se déroule sur une période de 15 jours et qui s'achève avec la fête des lanternes. Le premier ministre canadien souligne annuellement cette fête (variable : janvier-février)...

Taille optimale de lettrage à utiliser pour obtenir un impact maximal en fonction de la distance

Taille de la typo	Distance maximale pour impact	Visibilité maximale à
3 pouces	30 pieds	100 pieds
4 pouces	40 pieds	150 pieds
6 pouces	60 pieds	200 pieds
8 pouces	80 pieds	350 pieds
9 pouces	90 pieds	400 pieds
10 pouces	100 pieds	450 pieds
12 pouces	120 pieds	525 pieds
15 pouces	150 pieds	630 pieds
18 pouces	180 pieds	750 pieds
24 pouces	240 pieds	1 000 pieds
30 pouces	300 pieds	1 250 pieds
36 pouces	360 pieds	1 500 pieds

Source : Astral Affichage

NOTES

[1] Cora Tsouflidou, *Déjeuner avec Cora*, page 291

[2] Principes fondateurs d'Apple, tiré du livre de Walter Isaacson, Steve Jobs, page 105

[3] Jean Coutu, *Sans prescription ni ordonnance*, page 257

[4] Wikipedia

[5] *Innover... révolutionner... encaisser?*, Commerce, février 2008, page 45

[6] CONTACT Cotsco, Mars-avril 2013, Volume 26, Numéro 2, page 32

[7] Site web de Dyson

[8] Jean Coutu, *Sans prescription ni ordonnance*, page 144

[9] Communiqué de presse : *Le Groupe Jean Coutu inaugure la 400ᵉ pharmacie PJC Jean Coutu*, publié le 21 août 2012

[10] *Les rôtisseries St-Hubert : 50 ans de grands succès*, Béatrice Richard, page 41

[11] *Jamais sans Nicole*, Infopresse, Vol. 25, Numéro 08, 2010, page 46

[12] *Familiprix soigne son image traditionnelle*, Valérie Lesage, Les Affaires, numéro du 2 juin 2012, page 24

[13] *La Baie mis à l'amende pour publicité trompeuse*, Le Droit, 5 mai 1998, p. 14

[14] *Reebok accusé de publicité mensongère*, ici.radio-canada.ca, 29 septembre 2011

[15] *Bauer mise en échec pour publicité trompeuse*, ici.radio-canada.ca, 13 novembre 2014

[16] *Représentation trompeuse : Brault et Martineau plaide coupable*, site Web de l'Office de la protection du consommateur, 13 juillet 2016

[17] YouTube : https://lc.cx/4yEU, consulté le 20 juillet 2016

[18] *Les réponses en or de McDo*, affaires.lapresse.ca, publié le 21 juin 2013

[19] www.nhl.com, consulté le 18 mars 2013

[20] *1001 trucs publicitaires*, 3ᵉ édition, Luc Dupont, page 304

[21] *Coca Pepsi : Le conflit d'un siècle entre deux world companies*, Enquête de Pascal Galinier, page 48

[22] *La saga Coca-Cola*, Didier Nourisson, page 227

[23] AVG Digital Diaries, 2014

[24] *Rapport Mesurer la société de l'information 2015*, Union internationale des télécommunications

[25] Infographie : *Enquête de 2013 sur la technologie numérique et l'utilisation d'Internet*, Statistique Canada

[26] Infographie : *Enquête de 2013 sur la technologie numérique et l'utilisation d'Internet*, Statistique Canada

[27] *NETendances, Le commerce électronique au Québec : une forte croissance au Québec*, avril 2016

[28] Etude SEO Taux de Clic, Synodiance, 6 septembre 2013

[29] *A Revolutionary Marketing Strategy: Answer Customers' Questions*, nytimes.com, 27 février 2013

[30] YouTube : https://lc.cx/4yE5, consulté le 20 juillet 2016

[31] Les medias sociaux: plus présents dans le processus d'achat des Québécois, Enquête NETendance 2015, juillet 2015

[32] http://www.commentcamarche.net/news/5862901-les-reseaux-sociaux-dans-l-adn-de-l-entreprise, consulté le 20 juillet 2016

[33] Le Huffington Post, *Une pub sur Twitter pour se plaindre de British Airways*, 3 septembre 2013

[34] *Le Parisien, Une pub de l'Écureuil fait le buzz sur Internet*, 18 octobre 2013

[35] http://urlz.fr/3SDD, consulté le 20 juillet 2016

[36] *Les rôtisseries St-Hubert : 50 ans de grands succès*, Béatrice Richard, page 34

[37] *Amazon : Les secrets de la réussite de Jeff Bezos*, Richard L. Brandt, 2012, page 73

[38] Canada NewsWire, *Un nouveau Centre bancaire commercial TD au design contemporain ouvre à Montréal*, 8 mai 2013

39 Tirée de la recherche de Céline Jacob et Nicolas Guéguen, *Variations du volume d'une musique de fond et effets sur le comportement de consommation : une évaluation de terrain*, 2002

40 *La musique des Fêtes en entreprise*, enquête réalisée par la SOCAN en collaboration avec Léger Recherche Stratégie Conseil, 2014

41 Sacem

42 *L'odeur du chocolat ferait augmenter les ventes de livres*, radio-canada.ca, 23 juillet 2013

43 Howard Schultz, *Comment Starbucks a sauvé sa peau sans perdre son âme*, 2011, pages 45-46

44 Décormag, *La psychologie des couleurs*

45 Didier Nourisson, *La saga Coca-Cola*, 2008, page 109

46 Émission diffusée le 4 avril 2014 sur les ondes du réseau TVA

47 *Effect of Temperature on Task Performance in Office Environment*, Olli Seppänen, William J Fisk, QH Lei, juillet 2006

48 *Why stores are finally turning on to WiFi*, www.fortune.com, 14 décembre 2012

49 Section *Notre histoire* du site web de Weston

50 Andersen Consulting: *Where to Look for Incremental Sales Gains: The Retail Problem of Out-of-stock Merchandise*, 1996, pour le compte du Coca-Cola Retailing Research Council

51 Communiqué de presse : *iögo : une entrée remarquée sur le marché*, publié le 7 décembre 2012

52 Walter Isaacson, *Steve Jobs*, page 165

53 Howard Schultz, *Comment Starbucks a sauvé sa peau sans perdre son âme*, 2011, page 335

54 *Comment concevoir un emballage qui vend*, Blogue de Luc Dupont

55 Nielsen, *The Age Gap : As global population skews older, its needs are not being met*, février 2014

[56] *L'emballage : un moyen de communication très puissant*, étude PointLogic faite à la demande de Pro Carton et de FFI

[57] Jean-Gabriel Causse, *L'étonnant pouvoir des couleurs*, 2014, pages 80-81

[58] *Les distributeurs chinois sensibles à la forme de la bouteille de vin*, lapresse.ca, 18 juin 2013

[59] Aviva Musicus, Aner Tal, and Brian Wansink. (2014) *Eyes in the Aisles: Why is Cap'n Crunch Looking Down at My Child?*

[60] Nielsen, *Global consumers are willing to put their money where their heart is when it comes to goods and services from companies committed to social responsibility*, 17 juin 2014

[61] Communiqué de presse : *La plupart des Canadiens souhaitent que les entreprises les remercient en leur offrant un bon service, révèle un sondage sur la fidélisation de la clientèle de la Banque TD*, 9 mai 2007

[62] Jean-Marc Léger, *L'entreprise infidèle*, 2009, Page 14

[63] Rapport annuel 2009-2010, Commissaire aux plaintes relatives aux services de télécommunication

[64] Rapport annuel 2011-2012, Commissaire aux plaintes relatives aux services de télécommunication

[65] Protégez-Vous juillet 2016 – Service à la clientèle: 3 000 lecteurs dévoilent leurs entreprises préférées, Protegez-vous.ca, 20 juin 2016

[66] YouTube : http://urlz.fr/3SDG, consulté le 20 juillet 2016

[67] Site web de zappos

[68] *Zappos' 10-Hour Long Customer Service Call Sets Record*, huffingtonpost.com, 21 décembre 2012

[69] Albin Michel, *Walt Disney : La face cachée du prince d'Hollywood*, 1993, page 283

[70] *Durée des déplacements pour se rendre au travail selon la taille de la région de résidence*, Statistique Canada, 2010

[71] *Find the Best Checkout Line*, wsj.com, 8 décembre 2011

72 *La dynamique des langues en quelques chiffres*, Secrétariat à la politique linguistique

73 *America's Richest Self-Made Women*, forbes.com, 2015

74 YouTube : http://urlz.fr/3SDH, consulté le 20 juillet 2016

75 *De l'eau en bouteille Au Vieux Duluth*, lapresse.ca, 15 août 2008

76 *Votre appel est important pour nous*, Les Affaires, 26 mai 2007, page 6

77 *Déjeuner avec Cora*, Cora Tsouflidou, page 292

78 Site Web de l'entreprise, consulté le 12 août 2013

79 *La présence de jouet influence le choix des enfants dans les restos rapides*, La presse canadienne, 12 août 2012

80 John F. Love, *Sous les arches de McDonald's*, page 172

81 John F. Love, *Sous les arches de McDonald's*, page 172-173

82 Les vacances sont productives, Les Affaires, 3 août 2013, page 21

83 Chantal Binet, *Osez, transformez, célébrez! Recueil d'inspiration, de stratégies et d'exercices de coaching*, page 13

84 Site Web d'Amazone

85 *Un client insatisfait détruit sa Maserati en Chine*, lapresse.ca, 15 mai 2013

86 Michael Greenberg, Beg, Borrow, Steal : A Writer's Life, Other Press, 2009, tire du livre de Ruth Brandon, La Guerre de la Beauté, 2011, page 233

87 Statistique Canada, *Le retour en classe... en chiffres*, 26 août 2013

88 *Plus de la moitié des parents canadiens admettent que la pression de leurs pairs adultes influence leurs dépenses pour la rentrée scolaire*, 12 août 2014, RetailMeNot

89 YouTube : http://urlz.fr/3SDI, consulté le 20 juillet 2016

90 *Il offre 10% de rabais par but allemand et se fait dévaliser*, tdg.ch, 7 octobre 2014

91 Statistique Canada, *Noël... en chiffres*, 9 décembre 2013

92 Statistique Canada, *Immigration et diversité ethnoculturelle au Canada*

93 *Europe : chacun ses meubles*, L'Express, jeudi 11 septembre 2003, p. 42

94 Marc Vandercammen, *Marketing : l'essentiel pour comprendre, décider, agir*, 2006, page 122

95 *Le «big data» intéresse les publicitaires*, affaires.lapresse.ca, 12 septembre 2013

96 Office de la protection du consommateur

97 Communiqué : Legardère Publicité réalise une étude exclusive sur le pouvoir d'influence des 4-10 ans, publié le 11 décembre 2013

98 *Post-test des messages sanitaires apposés sur les publicités alimentaires auprès des 8 ans et plus*

99 *IGOR : Saputo plaide coupable d'avoir fait de la publicité destinée aux enfants*, Office de la protection du consommateur, 26 janvier 2009

100 *General Mills plaide coupable d'avoir fait de la publicité commerciale destinée aux enfants sur le Web*, Office de la protection du consommateur, 25 février 2009

101 *L'entreprise Les Aliments Maple Leaf inc. plaide coupable d'avoir fait de la publicité commerciale destinée aux enfants*, Office de la protection du consommateur, 19 juin 2012

102 *Coca-Cola: amende pour publicité illégale à La Ronde*, lapresse.ca, 17 octobre 2015

103 www.opc.gouv.qc.ca

104 *Une agence de pub devra payer pour avoir utilisé une œuvre de Magritte*, La Presse Canadienne, 5 août 2005

105 *Jennifer Lopez, Marc Anthony suing Silver Cross Ltd. over pram ad*, nydailynews.com, 26 février 2009

106 *The Black Keys poursuit Pizza Hut et Home Depot*, lapresse.ca, 27 juin 2012

[107] *Affiche volée – Un affichiste cubain poursuit Sears et son agence de publicité canadienne*, ledevoir.com, 15 décembre 2003

[108] Statistique Canada, *Enquête international sur l'alphabétisation et les compétences des adultes*, 2003

[109] Luc Dupont, *500 images clés pour réussir vos publicités*, 1999, page 14

[110] *L'étonnant pouvoir des couleurs*, Jean-Gabriel Causse, 2014, page 64

[111] *Comment faire sa publicité soi-même*, Cossette & Massey, 3e édition, page 166

[112] Page Facebook du Canard de Jean Bart : https://www.facebook.com/LeCanardDeJeanBart/photos/pb.56770666 6574502.- 2207520000.1449495377./599343223410846/?type=3&theater

[113] Statistique Canada, *Écoute de la radio selon le format et le groupe d'âge*, Automne 2007

[114] VisionCritical, *Radio Engagement in Canada*, Octobre 2012

[115] *Avant de faire les courses, on écoute la radio,* GFK

[116] VisionCritical, *Radio Engagement in Canada*, Octobre 2012

[117] *Pauses ultracourtes chez Astral*, infopresse.com, 17 avril 2007

[118] *Sol arrose les passants*, infopresse.com, 22 juin 2006

[119] *Le CRTC publie son rapport de 2014 sur l'état de l'industrie canadienne de la radiodiffusion*, Gouvernement du Canada, 4 septembre 2014

[120] Ministère de la Culture, des Communications et de la Condition féminine, *Enquête sur les pratiques culturelles au Québec*, 2009

[121] *Tout le monde, ou presque, a vu tout le monde en parle,* infopresse.com, 6 mai 2009

[122] Argent.canoe.ca, Loto-Québec se paye une pub dispendieuse, 1er mai 2014

[123] BBM Canada, Données rapportées par le Television Bureau of Canada

[124] *Parlons télé : une conversation avec les Canadiens sur l'avenir de la télévision*, Conseil de la radiodiffusion et des télécommunications canadiennes (CRTC), publiée le 24 avril 2014

[125] *La TV veut renouveler ses formats*, Le Soir, 12 janvier 2006, p. 44

[126] *RDS et Bos lancent la Pause haute vitesse*, Infopresse.com, 13 juin 2006

[127] *Le 30 secondes décomposé*, Infopresse.com, 18 avril 2006

[128] BBM Analytics OmniVU September 2013, Données rapportées par le Television Bureau of Canada

[129] *Mood mismatch between TV shows and ads may hurt advertisers : study*, theglobeandmail.com, 29 mars 2015

[130] *Don't shout...and other things that help us remember TV advertising*, www.thinkbox.tv, 22 mars 2016

[131] *La valeur commerciale des célébrités*, Zone Libre, émission du 22 novembre 2002

[132] *Inside Chrysler's Celine Dion Advertising Disaster*, adage.com, 24 novembre 2003

[133] *Consumer Perspectives on Advertising 2016*, Advertising Standards Canada, 2016

[134] *Mazda roule avec le Journal de Montréal*, Infopresse.com, 21 septembre 2004

[135] *Magazines numériques : forte hausse du lectorat au pays*, infopresse.com, 22 avril 2015

[136] PMB Printemps 2014 (base de données 2 ans), 12 ans et plus, repris du *Guide média 2015* publié par Infopresse

[137] *Absolut chronique*, Le Devoir, 18 janvier 1997, p. C2

[138] *Québec se paye Forbes*, Le Soleil, 18 décembre 2008, p. 23

[139] *La publicité qui se lèche fait saliver les magazines*, Les Echos, 18 février 2008, p. 23

[140] *Kraft Vies for Eyes – and Noses*, The Wall Street Journal (WSJ.com), 13 novembre 2006

[141] Infopresse, 1er mai 2008, p. 55

[142] FoodSIGHT : L'efficacité des publicités alimentaires en presse magazine, Étude alimentaire développée par Ipsos pour Prisma Media Solutions, 2016

[143] Readex Research, repris du *Guide des médias d'affaires 2013* publié sur le site web de Magazines Canada

[144] *L'affichage poursuit sa croissance au Canada*, Infopresse.com, 14 août 2014

[145] *Time Square inaugure le plus grand écran numérique du monde*, lapresse.ca, 18 novembre 2014

[146] *L'affichage efficace auprès des utilisateurs d'appareils mobiles*, Infopresse.com, 9 février 2015

[147] Bell Média

[148] Aérogram

[149] Rapport annuel 2015 de la STM

[150] *Sol arrose les passant*, infopresse.com, 22 juin 2006

[151] *Étude sur la demande dans l'industrie du transport par taxi*, Commission des transports du Québec, mars 2011

[152] Revue Commerce, février 2009, page 7

[153] *Service à l'auto dans les toilettes*, Infopresse.com, 20 juin 2002

[154] *Campagne de prévention aux toilettes*, Infopresse.com, 28 février 2008

[155] Next One

[156] Ministère de la Culture, des Communications et de la Condition féminine, *Enquête sur les pratiques culturelles au Québec*, 2009.

[157] Rapport MasterIndex[mc] 2008 : *Les canadiens à l'épicerie*

[158] Statistique Canada, CANSIM, tableau 203-0021, *Enquête sur les dépenses des ménages (EDM), dépenses des ménages, Canada, régions et provinces, annuels (dollars)*

[159] *Bulletin BioClips du ministère de l'Agriculture, des Pêcheries et de l'Alimentation du Québec*, vol. 5, num. 3, Juin 2002

[160] *Habitudes de restauration des Québécois pour les cinq prochaines années*, Léger Marketing, Septembre 2007

[161] *Enquête sociale générale de 1992 et de 2005*, Statistique Canada

[162] *Enquête sociale générale*, Statistique Canada, 2005

[163] *Le Centre Molson devient le Centre Bell*, Infopresse.com, 27 février 2002

[164] *Le jeu en vaut-il la chandelle?*, La Presse, 4 novembre 1993, Page S9

[165] *Le génial coup de pub de Volkswagen qui a piégé les téléspectateurs*, Le Fiagro.fr, 27 mars 2015

[166] *Les faits en bref*, Conseil canadien du ski

[167] *La publicité dans les stations de ski est-elle bien perçue?*, site Internet du Réseau de veille en tourisme, 20 décembre 2004

[168] *Enquête sociale générale*, Statistique Canada, 2005

[169] *Plan stratégique de développement et de commercialisation du golf touristique au Québec*, Cette étude résulte d'un mandat confié, en 2005, à la Chaire de Tourisme des sciences de la gestion de l'Université du Québec à Montréal, par l'Association des terrains de golf du Québec (ATGQ), et ce, en collaboration avec le ministère du Tourisme du Québec, avril 2006

[170] *Façonner aujourd'hui la mobilité de demain*, Rapport d'activité 2013, Société de transport de Montréal (STM)

[171] *Budweiser transforme le métro en circuit de F1*, Infopresse.com, 27 mai 2008

[172] *De la pub sur les cartes de transport de la STCUM*, La Presse, 20 juillet 2001, Page E2

[173] *Lignes de métro commanditées – La STM souhaite obtenir plus de 155 millions*, ledevoir.com, 2 février 2011

[174] *À Madrid, la station de métro Sol devient «Sol Vodafone»*, lapresse.ca, 24 avril 2013

[175]*Sherbrooke part en guerre contre l'affichage illégal*, Le Sherbrooke Express, 4 mars 2009

[176] *Les marques s'éclatent dans la rue*, Stratégies, 31 janvier 2008, p. 42

[177] Les humeurs de l'équipe de rédaction: Luc Ferrandez vs la publicité sauvage, Infopresse.com, 17 juin 2016

[178] *Enquête sur les revenus de la publicité Internet au Canada*, Bureau de la publicité interactive du Canada, 17 septembre 2014

[179] *Enquête NETendances 2015, Équipement et branchement Internet des foyers Québécois en 2015*, CEFRIO

[180] *Points de vue des consommateurs sur la publicité 2014*, Les normes canadiennes de la publicité

[181] *The cost of ad blocking*, PageFair and Adobe 2015 Ad Blocking Report

[182] *Les nouveaux défis de la sécurité en ligne au Québec*, NETendance 2013, CEFRIO

[183] *La vidéo numérique: efficace pour la publicité?*, Infopresse.com, 5 janvier 2016

[184] Site web de Facebook

[185] Lack of Facebook Access Makes You Want to Quit? Grow up, Punks, ITBusinessEdge.com (http://urlz.fr/3SDK, consulté le 20 juillet 2016)

[186] *Journal des Affaires*, semaine du 15 au 21 novembre 2008, p. 19.

[187] Site web de Twitter

[188] Site web de LinkedIn

[189] YouTube : https://www.youtube.com/watch?v=TT212636HBs, consulté le 20 juillet 2016

[190] *The Rise of Adblocking*, PageFair, august 2013

191 Google, « *The Importance of Being Seen : Viewability Insights for Digital Marketers and Publishers* » Study, November 2014

192 The Click Remains Irrelevant: Natural Born Clickers' Return, www.comscore.com, 14 septembre 2009

193 Publisac : http://annonceurs.publisac.ca/fr/annonceurs/produit/distribution, consulté 10 juillet 2016

194 *Avoir Reebok dans la peau, et faire le plein de cadeaux*, emarketing.fr, 25 août 2014

195 *T-Mobile CEO Legere Wins Tattoo on Track Star Nick Symmonds*, Fortune.com, 6 mai 2016

196 *Sondage sur le volume de ventes de l'industrie en 2013*, effectué par Bramm Research et basé sur les données 2012/2011

197 *Faits essentiels 2013 sur le secteur canadien du jeu vidéo*, Association canadienne du logiciel de divertissement (ALD)

198 *Des pubs québécoises dans les jeux vidéo Xbox*, Les Affaires, 11 août 2007, p. 13

199 *Le Parti québécois a imaginé une publicité très « spéciale » pour les jeunes*, La Presse Canadienne, 11 avril 2003

200 *Les réclamations clients*, Philippe Dérie, 2007, Page 23

201 YouTube : https://www.youtube.com/watch?v=bUkN7g_bEAI, consulté le 20 juillet 2016

202 *Comment créer un programme de fidélisation qui soit réellement apprécié par vos clients*, Lauren Gibbons Paul, https://www.microsoft.com/canada/fr/midsizebusiness/businessvalue/loyalty.mspx, consulté le 20 juillet 2016

203 *A dime can make a difference*, articles.baltimoresun.com, 22 août 1999

www.ingramcontent.com/pod-product-compliance
Lightning Source LLC
Chambersburg PA
CBHW060545200326
41521CB00007B/486